O LIVRO COMPLETO DE COZINHA COREANO-AMERICANA

100 PRATOS FUNDIDOS QUE SABEM A CASA

JAIME SANTIN

Todos os direitos reservados.

Isenção de responsabilidade

As informações contidas neste eBook destinam-se a servir como uma coleção abrangente de estratégias exploradas pelo autor deste eBook. Resumos, estratégias, dicas e truques são apenas recomendações do autor, e a leitura deste e-book não garante que seus resultados refletirão com precisão as descobertas do autor. O autor do eBook fez todos os esforços razoáveis para fornecer informações atuais e precisas para os leitores do eBook. O autor e seus colaboradores não serão responsabilizados por quaisquer erros ou omissões não intencionais que possam ser encontrados. O material do eBook pode conter informações de terceiros. Materiais de terceiros contêm opiniões expressas por seus proprietários.

O eBook é Copyright © 2022 com todos os direitos reservados. É ilegal redistribuir, copiar ou criar trabalhos derivados deste eBook no todo ou em parte. Nenhuma parte deste relatório pode ser reproduzida ou redistribuída de qualquer forma sem a permissão expressa e assinada por escrito do autor.

ÍNDICE

ÍNDICE..3
INTRODUÇÃO...8
SOPAS..9
   1. Sopa de Coalhada de Feijão Coreano-Americana......................10
   2. Sopa de algas coreana-americana..12
   Tempo de preparo: 15 minutos..13
   3. Sopa de arroz de camarão..14
   Tempo de preparo: 120 minutos..15
   4. Sopa de Bacalhau Seco..16
   5. Sopa de bife e tripas..19
   Tempo de preparo: 120 minutos..20
   6. Sopa de broto de soja...21
   7. Sopa de frango e ginseng...23
   Tempo de preparo: 20 minutos..24
   8. Sopa de macarrão de arroz e carne..25
   Tempo de preparo: 30 minutos..26
   9. Sopa de macarrão com faca coreana-americana......................27
   10. Sopa de pescoço de porco..29
   Tempo de preparo: 120 minutos..30
PRATO PRINCIPAL...32
   11. Gyeranbap com alga assada..33
   12. Bulgogi de carne...35
   13. Costelinha de churrasco coreana-americana..........................37
   Tempo de preparo: 15 minutos..38
   14. Frango Coreano-Americano...39
   Tempo de preparo: 45 minutos..40
   15. Bife coreano-americano...42
   16. Macarrão Chap Chee..44

17. Porco marinado picante coreano-americano..47
Tempo de preparo: 45 minutos..48
18. Bife de flanco marinado coreano-americano...49
Tempo de preparo: 15 minutos..50
19. Costeletas de cordeiro grelhadas doces com especiarias....................51
Tempo de preparo: 15 minutos..52
20. Coxas de frango assado coreano-americano...53
Tempo de preparo: 10 minutos..54
21. Frango e batata picante coreano-americano..55
Tempo de preparo: 15 minutos..56
MACARRÃO..**57**
22. Salada de macarrão de feijão mungo..58
Tempo de preparo: 15 minutos..59
23. Vermicelli de batata-doce e refogado de carne....................................61
Tempo de preparo: 15 minutos..62
24. Macarrão frio picante..64
Tempo de preparo: 15 minutos..65
25. Macarrão com molho de feijão preto...66
Tempo de preparo: 30 minutos..67
26. Tigela de macarrão de frango coreano-americano..............................69
Tempo de preparo: 30 minutos..70
27. Macarrão picante com ovo e pepino..72
Tempo de preparo: 10 minutos..73
28. Macarrão frio coreano-americano..74
Tempo de preparo: 15 minutos..75
29. Salada picante de caracol coreano-americano......................................76
Tempo de preparo: 20 minutos..77
30. Macarrão Soba Picante..79
Tempo de preparo: minutos..80
31. Macarrão coreano-americano com legumes..82
Tempo de preparo: 15 minutos..83

COMIDA DE RUA E LANCHES..**84**
  32. Hotteok com legumes e macarrão...85
  Tempo de preparo: 30 minutos...86
  33. Pão de Ovos...88
  Tempo de preparo: 10 minutos...89
  34. Bolo de arroz quente e picante..90
  Tempo de preparo: 10 minutos...91
  35. Panquecas coreanas de frutos do mar......................................92
  Tempo de preparo: 15 minutos...93
  36. Sanduíche vegano de Bulgolgi...95
  Tempo de preparo: 20 minutos...96
  37. Bolo de ovo e bacon coreano-americano..................................98
  Tempo de preparo: 25 minutos...99
  38. Arroz com curry coreano-americano..101
  Tempo de preparo: 20 minutos...102
  39. Rolinho de ovo de zebra..103
  Tempo de preparo: minutos...104
  40. Bolos de nozes com topo de fogão coreano-americano.......105
  41. Sanduíche de rua...107
  Tempo de preparo: 15 minutos...108
  42. Legumes Fritos...110
  Tempo de preparo: minutos...111
SOBREMESAS..**113**
  43. Panquecas doces coreanas-americanas.................................114
  Tempo de preparo: 25 minutos...115
  44. Peras Pochê com Mel Coreano-Americano............................117
  45. Sorvete de leite coreano-americano..119
  Tempo de preparo: 3 minutos...120
  46. Espetos de bolo de arroz coreano-americano.......................121
  Tempo de preparo: 10 minutos...122
  47. Bolo de kiwi de morango coreano-americano........................124

48. Sobremesa coreano-americana Yakwa..127
Tempo de preparo: 25 minutos..128
49. Pudim de tapioca coreano-americano..130
Tempo de preparo: minutos..131
50. Bolo de arroz picante coreano-americano..132
51. Peras assadas em batatas fritas Wonton e mel, mascarpone de canela.......134
Tempo de preparo: 20 minutos..135
52. Bolo de Arroz Doce Saudável..136
ALMOÇO QUENTE..**138**
53. Tigelas de burrito de frango..139
54. tikka masala de frango..142
55. tigelas de frango grego..145
56. Tigelas de carne de preparação de refeição coreana-americana..................148
57. Sopa de frango e ramen em frasco de pedreiro..151
58. Pote de pedreiro à bolonhesa..154
59. Lasanha de pote..157
60. Sopa de desintoxicação de gengibre e missô..160
61. Batata doce recheada..162
62. Batatas recheadas com frango coreano-americano..164
63. Batatas recheadas com couve e pimentão vermelho..166
64. Batatas recheadas de frango com mostarda..168
65. Batata Recheada de Feijão Preto e Pico de Gallo..170
66. Macarrão de abobrinha com almôndegas de peru..173
67. Almôndegas fáceis..176
68. Sopa de 3 Ingredientes..178
69. Salsa Turquia de Fogão Lento..180
70. Burrito-Bowl-In-A-Jar..182
ALMOÇO FRIO..**184**
71. Tigelas de preparação de refeição Carnitas..185
72. Salada de cachorro-quente de Chicago..188
73. Tacos de peixe..191

74. Colheita de salada de cobb 194
75. Salada de couve-flor de búfala 197
76. Tigelas de grãos de beterraba e couve de Bruxelas 200
77. Salada de brócolis de pote de pedreiro 203
78. Salada de frango com pote de pedreiro 205
79. Salada de frango chinês de frasco de pedreiro 207
80. Salada niçoise de pote de pedreiro 209
81. Tigelas de atum picante 212
82. Salada de bife 215
83. Tigelas nutritivas de batata doce 218
84. Tigelas de Buda de frango tailandês 220
85. Wraps de frango com amendoim tailandês 223
86. Cata-ventos de espinafre da Turquia 226
87. Salada de taco de peru 228
88. Salada de pote de pedreiro muito verde 229
89. Tigelas de rolinho primavera de abobrinha 231

SALADAS 233

90. Legumes Chili-Lime 234
91. Macarrão de limão com brócolis e abobrinha 237
92. Berinjela, Batata e Grão de Bico 239
93. Salada de couve e molho cremoso 242
94. Bruxelas, Cenoura e Verdes 244
95. Fritada de couve-flor de brócolis 246
96. Massa de aspargos e abobrinha 248
97. Tomates recheados com legumes 250
98. Ratatouille de beringelas 252
99. Cogumelos e espinafre 254
100. Espinafre Cítrico Pimenta Preta 256

CONCLUSÃO 258

INTRODUÇÃO

Todos nós temos receitas de família favoritas. Alguns foram cuidadosamente passados de geração em geração, enquanto outros são informados às pressas por telefone depois que um membro mais jovem da família fugiu do ninho. Muitas vezes pode ser impossível fazer o prato exatamente como está em sua memória; às vezes as mudanças podem ser feitas de propósito ou por necessidade, mas não importa como evolua ao longo dos anos, o coração do prato sempre permanece.

Essas receitas coreanas americanas ilustram a maneira como duas culturas alimentares diferentes se fundem para criar uma cozinha híbrida inventiva que tem gosto de casa.

SOPAS

1. Sopa de Coalhada de Feijão Coreano-Americana

Tempo de preparo: 15 minutos
Tempo de cozimento: 20 minutos
Porções: 4 pessoas

INGREDIENTES
- 1 colher de pasta de alho
- 3 ½ xícaras de água
- ½ colher de sopa de grânulos de dashi
- 3 colheres de sopa de pasta de coalhada coreana-americana
- 1 abobrinha, em cubos
- ¼ libra de cogumelos frescos, cortados em quatro
- 1/ colher de sopa de pasta de pimenta coreana-americana
- 1 batata descascada e cortada em cubos
- 1 – pacote de 12 onças de tofu macio, fatiado
- 1 cebola, em cubos

INSTRUÇÕES
a) Adicione a água a uma panela grande, adicione o alho, pimenta e pastas de requeijão.
b) Aqueça até ferver e continue fervendo por 2 minutos para ajudar a dissolver as pastas.
c) Em seguida, adicione a batata, a cebola, a abobrinha e os cogumelos, misture e leve novamente ao fogo por mais 6 minutos.
d) Por fim, adicione o tofu, quando este tiver aumentado de tamanho e os legumes estiverem macios, sirva nas tigelas e aproveite.

2. <u>**Sopa de algas coreana-americana**</u>

Tempo de preparo: 15 minutos
Tempo de cozimento: 30 minutos
Porções: 4 pessoas

INGREDIENTES
- 2 colheres de chá de óleo de gergelim
- 1 - 1 pacote de alga marrom seca
- 1 ½ colheres de sopa de molho de soja
- ¼ libra de lombo de vaca, picado
- 6 xícaras de água
- 1 colher de chá de sal
- 1 colher de chá de alho picado

INSTRUÇÕES
a) Coloque a alga em um recipiente com água e cubra, deixe de molho até ficar macia, depois corte em pedaços de 5 cm de comprimento.
b) Leve uma panela ao fogo, coloque o óleo, sal a gosto, carne e ½ colher de sopa de molho de soja, misture mexendo por 1 minuto.
c) Em seguida misture a alga com o restante do molho de soja, cozinhe por mais 1 minuto.
d) Agora adicione 2 xícaras de água e aqueça até começar a ferver.
e) Coloque o alho com o restante da água, assim que ferver novamente, abaixe o fogo e cozinhe em fogo baixo por 20 minutos.
f) Corrija os temperos e sirva.

3. <u>Sopa de arroz de camarão</u>

Tempo de preparo: 120 minutos
Tempo de cozimento: 32 minutos
Porções: 3 pessoas

INGREDIENTES
- 1 colher de óleo de gergelim
- 2 xícaras de arroz branco
- 1 colher de sopa de vinho de arroz
- 9 onças de camarões, descascados e limpos
- 12 xícaras de água
- Tempero a gosto

INSTRUÇÕES
a) Pegue o arroz e lave-o, coloque de lado por 120 minutos.
b) Adicione o óleo em uma panela e aqueça, uma vez quente coloque os camarões com o vinho de arroz e cozinhe por um minuto, em seguida, adicione o arroz mexa e frite por mais 1 minuto.
c) Coloque a água e aqueça até ferver, quando o arroz estiver 3 vezes maior, abaixe o fogo.
d) Cozinhe por mais 10 minutos.
e) Corrija os temperos e sirva ainda quente.

4. Sopa de Bacalhau Seco

Tempo de preparo: 25 minutos
Tempo de cozimento: 30 minutos
Porções: 2 pessoas

INGREDIENTES
- 9 onças de tofu macio
- 2 - 3 xícaras de Pollack seco
- 2 dentes de alho, picados
- 3 cebolinhas
- 3 ½ colheres de sopa de óleo de gergelim
- 3 ½ xícara de Dashida, caldo de sopa coreana
- Sal a gosto
- 1 ovo
- 5 xícaras de água
- Brotos de feijão, se desejar
- Pimenta vermelha em flocos se desejar

INSTRUÇÕES
a) Corte o peixe em tiras finas, com cerca de 1 ½ polegadas de comprimento.
b) Aqueça o óleo em uma panela e frite as tiras de peixe por 3 minutos.
c) Em seguida, despeje a água com o caldo coreano-americano e o alho, coloque uma tampa e aqueça até ferver, depois abaixe o fogo.
d) Corte o tofu em pedaços de ½ polegada e adicione à panela.
e) Se estiver usando brotos de feijão, adicione-os agora.
f) Coloque a tampa novamente e cozinhe por 15 minutos.
g) Bata o ovo, usando uma tigela pequena.
h) Mexa na sopa, misturando bem, agora adicione as cebolinhas, cortadas em comprimentos de 1 polegada.
i) Cozinhe por mais 2 minutos e corrija os temperos.
j) Prato quente.

k) Polvilhe com flocos de pimenta, se desejar.
l) Pode ser consumido com arroz cozido no vapor.

5. <u>**Sopa de bife e tripas**</u>

Tempo de preparo: 120 minutos
Tempo de cozimento: 360 minutos
Porções: 10 pessoas

INGREDIENTES
- 1 cebolinha picada para cada tigela
- 1 pacote de ossos de rabada incluindo carne, supermercado coreano-americano
- Tempero a gosto
- 1 ½ litros de água

INSTRUÇÕES
a) Adicione a rabada a uma tigela com água e deixe de molho, retirando o excesso de sangue, troque a água 2-3 vezes.
b) Quando estiver pronto, adicione os ossos a uma panela grande e cubra-os com 1 ½ galão de água.
c) Coloque no fogão e cozinhe no mínimo 6 horas, quanto mais tempo cozinhar melhor o sabor e a carne.
d) Enquanto cozinha, continue retirando o óleo que aparece no topo, mantenha o nível da água em cerca de 1 litro durante o cozimento.
e) Uma vez feito, a cor deve ficar com aparência cremosa.
f) Corrija o tempero.
g) Sirva em tigelas com a rabada e espalhe a cebolinha picada por cima.

6. <u>**Sopa de broto de soja**</u>

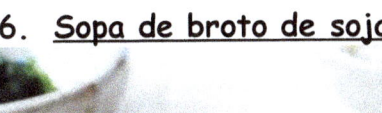

Tempo de preparo: 10 minutos
Tempo de cozimento: 30 minutos
Porções: 2-3 pessoas

INGREDIENTES
- 1 cebolinha, picada
- 2 xícaras de broto de soja
- 2 colheres de sopa de molho de soja
- 2 dentes de alho, picados
- 5 xícaras de água
- 1 colher de óleo de gergelim
- 1 – 2 colheres de sopa de flocos de pimenta vermelha, se desejar
- 1 colher de chá de sal

INSTRUÇÕES
a) Limpe o broto de soja em água, depois escorra, retire as partes indesejadas.
b) Adicione o óleo a uma panela e quando quente frite o alho adicionando o molho de soja ao mesmo tempo, cozinhe por 3 minutos.
c) Despeje a água e coloque os brotos e tempere, aqueça até começar a ferver.
d) Agora abaixe o fogo e cozinhe em fogo baixo por 20 minutos com a tampa.
e) Se você quiser adicionar flocos de pimenta vermelha, coloque-os 5 minutos antes do final do cozimento.
f) Desligue o fogo e sirva em tigelas com a cebolinha picada por cima.

7. <u>**Sopa de frango e ginseng**</u>

Tempo de preparo: 20 minutos
Tempo de cozimento: 25 minutos
Porções: 4 pessoas

INGREDIENTES
- 2 colheres de alho bem picado
- 1 colher de chá de sementes de gergelim
- 2 colheres de sopa de gengibre fresco, bem picado
- 8 xícaras de caldo de galinha
- 1 colher de sopa de molho de soja
- 1 - 2 colheres de chá de pasta de pimenta vermelha
- $\frac{1}{2}$ xícara de arroz
- 1 colher de chá de óleo de gergelim torrado
- 2 cebolinhas, bem picadas
- 1 xícara de frango cozido desfiado

INSTRUÇÕES
a) Frite as sementes por 1 minuto, até dourar em uma frigideira seca, depois coloque de lado.
b) Usando uma panela grande, adicione o alho, o caldo e o gengibre e aqueça até ferver.
c) Quando ferver, misture a pasta de pimenta, soja e óleo de gergelim.
d) Coloque o frango e aqueça até ficar morno.
e) Coloque a sopa nas tigelas de servir e finalize com a cebolinha e as sementes por cima.

8. <u>**Sopa de macarrão de arroz e carne**</u>

Tempo de preparo: 30 minutos
Tempo de cozimento: 75 minutos
Porções: 8 pessoas

INGREDIENTES
- ½ rabanete coreano-americano inteiro
- ½ libra de bife de costela bovina
- ¼ libra de macarrão chinês
- 1⅓ libra de pernil de carne bovina
- 5 dentes de alho
- 1 cebolinha, grande e picada
- Tempero a gosto

INSTRUÇÕES
a) Pegue a carne e corte em pedaços do tamanho da boca.
b) Corte o rabanete em dois pedaços.
c) Agora ferva-os juntos usando uma panela grande com 30 xícaras de água, quando ferver, abaixe o fogo e cozinhe por 60 minutos.
d) Quando a carne estiver macia, retire-a do caldo, juntamente com o rabanete, deixe o caldo esfriar, retirando o excesso de gordura.
e) Quando você pode manipular a fatia de rabanete em ⅛ fatias grossas.
f) Coloque a carne com o rabanete fatiado de volta no caldo e deixe ferver novamente desta vez adicionando o macarrão.
g) Coloque a cebolinha e corrija o tempero usando sal e pimenta.
h) Sirva em tigelas de sopa e delicie-se.

9. Sopa de macarrão com faca coreana-americana

Tempo de preparo: 15 minutos
Tempo de cozimento: 25 minutos
Porções: 4 pessoas

INGREDIENTES
½ colher de chá de alho picado
4 ½ xícaras de anchovas secas e caldo de algas ou água
½ colher de chá de sal marinho fino
1 colher de chá de molho de soja
Água para cozinhar o macarrão
1,7 onças de cenoura, cortada em tiras finas
10 onças de macarrão kalguksu ou ramen
1,4 onças de cogumelos shitake, em fatias finas
3,5 onças de abobrinha, cortada em fatias finas
3,5 onças de camarões, cabeça e cauda removidas, limpas
4,5 onças de amêijoas frescas ou congeladas, limpas
1 cebolinha, picada

INSTRUÇÕES
1. Coloque duas panelas no fogão, uma com água para o macarrão e aqueça até ferver. O outro use uma panela grande e adicione o caldo de alga marinha ou água e deixe ferver.
2. Cozinhe o macarrão por 3 minutos, coe e lave quando estiver pronto e coloque de lado.
3. Na panela principal, adicione as cenouras, os cogumelos e a abobrinha, cozinhe por 2 minutos e depois coloque as amêijoas e os camarões por mais 2 minutos.
4. Por último, adicione o macarrão e mexa.
5. Uma vez quente, sirva em taças.
6. Observação. Se usar água em vez de caldo, adicione molho de soja extra e temperos para dar sabor.

10. <u>Sopa de pescoço de porco</u>

Tempo de preparo: 120 minutos

Tempo de cozimento: 120 minutos
Porções: 4 pessoas

INGREDIENTES

1 cebola pequena
pescoço de porco de 3 quilos
10 grãos de pimenta preta
1 pedaço do tamanho do polegar de gengibre fresco, descascado
3 colheres de sopa de semente de perilla em pó
10 dentes de alho
3 colheres de sopa de vinho de arroz
1 colher de chá de gengibre em pó
3 colheres de sopa de pimenta vermelha coreana-americana em pó
3 colheres de sopa de molho de peixe
4 batatas pequenas cremosas, descascadas
1 maço de repolho chinês ou bok choy
5 cebolinhas, picadas
Tempero a gosto
10 folhas de perila

INSTRUÇÕES

1. Coloque a carne de porco na água e deixe de molho por 120 minutos, limpe a água após 60 minutos.
2. Depois de pronto, coloque a carne em uma panela grande, cubra com água e aqueça até ferver, deixe ferver por 6 minutos.
3. Agora coe a água e lave a carne com água fria.
4. Limpe a panela, adicione novamente a carne e coloque água suficiente apenas para cobri-la.
5. Coloque a cebola inteira, 4 dentes de alho, gengibre e pimenta em grão, aqueça até ferver, abaixe o fogo para ferver e cozinhe por 90 minutos.

6.Enquanto isso, misture o vinho de arroz, pó de semente de perilla, pimenta vermelha, molho de peixe, 6 dentes de alho e gengibre em pó.
7.Quando o molho estiver bem misturado, reserve.
8.Quando estiver pronto, retire a carne de porco do caldo e reserve.
9.Retire o gengibre, a pimenta da cebola e o alho, agora devolva a carne de porco.
10.Coloque as batatas com o molho e misture, tempere e cozinhe por mais 20 minutos.
11. Por último, coloque as folhas de perilla e o repolho, cozinhe por 2-3 minutos.
12. Sirva em tigelas com a cebolinha e a pimenta-do-reino por cima.

PRATO PRINCIPAL

11. Gyeranbap com alga assada

Serve 1 porção

INGREDIENTES
- 1 xícara de arroz branco cozido, de preferência fresco
- 2 colheres de chá de óleo de gergelim torrado
- ¾ colher de chá de molho de soja, além de mais a gosto
- 2 ovos grandes
- 1 pacote (5 gramas) de gim, esmagado com as mãos
- Alcaparras, para servir
- Pimenta preta moída na hora

Instruções
a) Adicione o arroz a uma tigela média e reserve.
b) Em uma frigideira antiaderente média, aqueça o óleo de gergelim e o molho de soja em fogo alto. Crack nos ovos. Reduza o fogo se o respingo for muito, mas, caso contrário, cozinhe até que as claras estejam macias, levemente crocantes nas bordas e a área branca ao redor da gema não esteja mais líquida, cerca de 1 minuto (se sua panela estiver quente o suficiente; mais se não for). Além disso, o molho de soja deve ter manchado as claras e borbulhado, transformando-se em um esmalte pegajoso.
c) Deslize os ovos fritos sobre o arroz, regue com o gim e salpique algumas alcaparras. Tempere com pimenta. Misture tudo com uma colher antes de provar. É aqui que você pode ajustar o tempero, adicionando mais molho de soja conforme necessário.

12. Bulgogi de carne

Tempo de preparo: 10 minutos
Tempo de cozimento: 5 minutos
Porções: 4 pessoas

INGREDIENTES
- 2 ½ colheres de açúcar branco
- 1 libra de bife de flanco, em fatias finas
- ¼ xícara de cebolinha, picada
- 5 colheres de sopa de molho de soja
- 2 colheres de alho picado
- ½ colher de chá de pimenta preta moída
- 2 colheres de óleo de gergelim
- 2 colheres de sopa de sementes de gergelim

INSTRUÇÕES
a) Coloque a carne em um refratário baixo.
b) Misture o açúcar, o alho, o molho de soja, a semente de gergelim e o óleo, com a cebolinha e a pimenta preta em uma tigela.
c) Regue sobre a carne e tampe o prato, em seguida, deixe descansar por 60 minutos, quanto mais tempo melhor, mesmo durante a noite, na geladeira.
d) Quando estiver pronto, aqueça a grelha ou churrasqueira e unte a grelha.
e) Quando estiver quente, grelhe a carne por 2 minutos de cada lado e sirva.

13. Costelinha de churrasco coreana-americana

Tempo de preparo: 15 minutos
Tempo de cozimento: 10 minutos
Porções: 5 pessoas

INGREDIENTES
- 3 colheres de vinagre branco
- ¾ xícara de molho de soja
- ¼ xícara de açúcar mascavo escuro
- ¾ xícara de água
- 1 colher de sopa de pimenta preta
- 2 colheres de açúcar branco
- ¼ xícara de alho picado
- Costelas curtas estilo coreano-americano de 3 libras, cortadas nos ossos
- 2 colheres de óleo de gergelim
- ½ cebola grande, picada

INSTRUÇÕES
a) Misture o vinagre, o molho de soja e a água em uma tigela de vidro ou inox.
b) Agora bata os dois açúcares, óleo, cebola, pimenta e alho, bata até os açúcares derreterem.
c) Coloque as costelas no molho e cubra com papel filme, leve à geladeira por no mínimo 7 horas.
d) Aqueça a grelha do jardim quando estiver pronto para cozinhar.
e) Retire as costelas da marinada e grelhe por 6 minutos de cada lado, sirva quando estiver pronto.

14. Frango Coreano-Americano

Tempo de preparo: 45 minutos
Tempo de cozimento: 20 minutos
Porções: 4 pessoas

INGREDIENTES
- 2 colheres de sopa de sementes de gergelim
- 1 - 3 quilos de frango inteiro
- $\frac{1}{8}$ colher de chá de sal
- $\frac{1}{4}$ xícara de molho de soja
- 1 cebolinha, picadinha
- $\frac{1}{8}$ colher de chá de pimenta preta moída
- 1 dente de alho
- 1 colher de açúcar branco
- 1 colher de chá de manteiga de amendoim
- 1 colher de chá de glutamato monossódico

INSTRUÇÕES
a) Retire o frango dos ossos com uma faca afiada.
b) Corte a carne em fatias de $\frac{1}{8}$ polegadas de espessura, 2 polegadas quadradas, coloque a carne em uma tigela com o molho de soja.
c) Frite as sementes de gergelim em uma frigideira seca, coloque em uma tigela de madeira quando começarem a estourar e adicione sal.
d) Em seguida, esmague as sementes com as costas de uma colher.
e) Assim que ficar bem acrescente o alho, a pimenta, o açúcar, a cebola, o monossódio e o óleo misture bem.
f) Misture o frango com o molho de soja e deixe marinar por 30 minutos.
g) Use a mesma frigideira de antes e frite em fogo baixo coberto.

h) Quando estiver macio está pronto, pode ser necessário um pouco de água para mantê-lo úmido durante o cozimento.

15. Bife coreano-americano

Tempo de preparo: 20 minutos
Tempo de cozimento: 10 minutos
Porções: 6 pessoas

INGREDIENTES
- 5 colheres de açúcar branco
- 2 libras de filé escocês, em fatias finas
- 2 ½ colheres de sopa de sementes de gergelim
- ½ xícara de molho de soja
- 2 dentes de alho, esmagados
- 2 colheres de óleo de gergelim
- 5 colheres de sopa de mirin, vinho doce japonês
- 3 chalotas em fatias finas

INSTRUÇÕES
a) Misture as sementes de gergelim e o óleo, alho, molho de soja, cebolinha, açúcar e mirin.
b) Coloque a carne no molho e misture na carne, tampe e leve à geladeira por 12 horas.
c) Quando estiver pronto, aqueça uma frigideira em fogo médio e frite a carne por 6-8 minutos, ou até ficar cozida.
d) Acompanhe com arroz frito ou salada.

16. Macarrão Chap Chee

Tempo de preparo: 35 minutos
Tempo de cozimento: 20 minutos
Porções: 4 pessoas

INGREDIENTES
- 2 cebolinhas, bem picadas
- 1 colher de sopa de molho de soja
- 1 colher de chá de sementes de gergelim
- 1 colher de óleo de gergelim
- 1 dente de alho, picado
- $\frac{1}{4}$ colher de chá de pimenta preta
- 2 colheres de óleo vegetal
- 1 colher de chá de açúcar
- $\frac{1}{2}$ xícara de cenoura em fatias finas
- $\frac{1}{3}$ libra de lombo de vaca, em fatias finas
- $\frac{1}{4}$ libra de repolho Napa, fatiado
- 3 onças de macarrão de celofane, embebido em água morna
- $\frac{1}{2}$ xícara de broto de bambu fatiado
- 2 xícaras de espinafre fresco, picado
- 1 colher de açúcar
- $\frac{1}{4}$ colher de chá de pimenta preta
- 2 colheres de sopa de molho de soja
- $\frac{1}{2}$ colher de chá de sal

INSTRUÇÕES
a) Usando uma tigela grande, misture o óleo de gergelim e as sementes, cebolinha 1 colher de sopa de molho de soja, colher de chá de açúcar, alho e $\frac{1}{4}$ colher de chá de pimenta.
b) Misture a carne e deixe por 15 minutos no quarto.
c) Coloque em uma frigideira grande ou wok se você tiver um para aquecer com um pouco de óleo.
d) Frite a carne até ficar marrom, em seguida, adicione o repolho, cenoura, bambu e espinafre, mexendo bem.

e) Em seguida, misture o macarrão, 1 colher de açúcar, pimenta, sal e 2 colheres de soja.
f) Misture bem e abaixe o fogo, cozinhando até ficar bem quente.

17. Porco marinado picante coreano-americano

Tempo de preparo: 45 minutos
Tempo de cozimento: 15 minutos
Porções: 8 pessoas

INGREDIENTES
- $\frac{1}{2}$ xícara de pasta de pimenta coreana-americana
- $\frac{1}{4}$ xícara de vinagre de arroz
- 3 colheres de alho picado
- 2 colheres de sopa de molho de soja
- 2 colheres de sopa de flocos de pimenta vermelha
- 3 colheres de açúcar branco
- $\frac{1}{2}$ colher de chá de pimenta preta
- 3 colheres de sopa de gengibre fresco picado
- 3 cebolinhas, cortadas em pedaços de 2 polegadas
- 1 - lombo de porco de 2 libras, cortado em fatias de $\frac{1}{4}$ de polegada de espessura
- $\frac{1}{2}$ cebola amarela, cortada em anéis de $\frac{1}{4}$ de polegada de espessura
- $\frac{1}{4}$ xícara de óleo de canola

INSTRUÇÕES
a) Misture a soja, alho, flocos de pimenta vermelha, açúcar, cebolinha, vinagre, pasta de pimenta, gengibre, cebola amarela e pimenta preta.
b) Depois de bem misturado, adicione a carne de porco fatiada e espalhe o molho sobre a carne de porco, cobrindo bem.
c) Coloque em um saco Ziploc e leve à geladeira por 3 horas.
d) Quando estiver pronto para cozinhar, adicione o óleo a uma frigideira e frite em lotes em fogo médio.
e) Quando ficar dourado e não estiver mais rosado no meio, coloque nas travessas.
f) Sirva com arroz e salada.

18. Bife de flanco marinado coreano-americano

Tempo de preparo: 15 minutos
Tempo de cozimento: 15 minutos
Porções: 6 pessoas

INGREDIENTES
- 1 cebola, picada grosseiramente
- 4 dentes de alho
- 2 ½ xícaras de molho de soja com baixo teor de sódio
- 1 colher de chá de gengibre fresco picado
- ¼ xícara de óleo de gergelim torrado
- 2 colheres de sopa de amaciante de carne sem tempero
- 2 libras de bife de lombo de vaca, aparado
- 3 colheres de sopa de molho inglês
- 1 xícara de açúcar branco

INSTRUÇÕES
a) Coloque o gengibre, alho e cebola no liquidificador, agora adicione o óleo de gergelim, açúcar, molho de soja, amaciante e Worcestershire, pulse até ficar homogêneo.
b) Quando estiver pronto, adicione o molho ao saco Ziploc ou tigela, se você não tiver um.
c) Corte a carne com uma faca e coloque na marinada, deixe na geladeira durante a noite.
d) Aqueça a grelha externa e cozinhe o bife por 5-6 minutos de cada lado, ou mais, se desejar.
e) Servir.

19. Costeletas de cordeiro grelhadas doces com especiarias

Tempo de preparo: 15 minutos
Tempo de cozimento: 10 minutos
Porções: 4 pessoas

INGREDIENTES
- 1 colher de sopa de pasta de soja coreana-americana
- 2 onças fluidas de saquê
- 2 colheres de mirim
- 1 ¼ onças de pasta de pimenta coreana-americana
- 1 colher de sopa de molho de soja
- 1 colher de mel
- 1 colher de óleo de gergelim
- 16 costeletas de cordeiro aparadas à francesa
- 1 ½ colher de chá de flocos de pimenta coreano-americana
- Sementes de gergelim para servir
- Óleo de cozinha

INSTRUÇÕES
a) Usando uma tigela, misture a pasta de feijão, saquê, molho de soja, mel, pasta de pimenta, mirin, óleo de gergelim e flocos de pimenta até ficar homogêneo.
b) Coloque o cordeiro e espalhe o molho sobre eles.
c) Coloque papel filme sobre a tigela e leve à geladeira por no mínimo 4 horas.
d) Quando estiver pronto para cozinhar, acenda a grelha e unte as grelhas.
e) Cubra os ossos de cordeiro em papel alumínio para evitar que queimem.
f) Cozinhe por cerca de 6-8 minutos, virando-os na metade do cozimento.
g) Coloque nas travessas de servir e finalize com uma camada de sementes de gergelim.

20. Coxas de frango assado coreano-americano

Tempo de preparo: 10 minutos
Tempo de cozimento: 60 minutos
Porções: 8 pessoas

INGREDIENTES
- ½ xícara de cebolinha picada
- 8 coxas de frango com pele
- 3 colheres de óleo de gergelim
- ½ xícara de molho de soja
- 2 colheres de chá de alho picado
- ¼ colher de chá de pimenta preta
- 3 colheres de mel
- ¼ colher de chá de gengibre em pó

INSTRUÇÕES
a) Aqueça o fogão a 375°F.
b) Adicione o frango com a pele para baixo em uma assadeira.
c) Misture o restante dos ingredientes em uma tigela.
d) Despeje o molho por cima do frango e leve ao forno.
e) Cozinhe no forno sem tampa por 45 minutos.
f) Agora vire o frango e cozinhe por mais 15 minutos.
g) Sirva assim que estiver cozido.

21. Frango e batata picante coreano-americano

Tempo de preparo: 15 minutos
Tempo de cozimento: minutos
Porções: 4 pessoas

INGREDIENTES
- 2 cenouras, cortadas em pedaços de 2 polegadas ou use 10 cenouras inteiras
- 2 ½ libras de coxas de frango ou pedaços de frango
- 1 cebola grande cortada em 8
- 2 batatas grandes, cortadas em cubos grandes
- 1 pimentão verde em cubos
- ½ xícara de água
- 2 colheres de açúcar branco
- 4 dentes de alho, picados
- ½ xícara de molho de soja
- 1 colher de chá de gengibre fresco
- 3 colheres de sopa de pasta de pimenta vermelha coreana-americana ou outro molho picante

INSTRUÇÕES
a) Adicione o frango, a cebola, as batatas, o gengibre, a cenoura, o alho e o açúcar em uma panela e aqueça, mexa.
b) Adicione o molho de soja com a água e, em seguida, misture a pasta de pimenta.
c) Aqueça até começar a ferver, agora abaixe o fogo e cozinhe em fogo baixo por 45 minutos.
d) Retire quando o suco de frango estiver claro.
e) O molho vai engrossar quando começar a esfriar.

MACARRÃO

22. Salada de macarrão de feijão mungo

Tempo de preparo: 15 minutos
Tempo de cozimento: 5 minutos
Porções: 4 pessoas

INGREDIENTES
1 cenoura, ralada fina
½ xícara de feijão mungo em pó
1 pepino libanês, em lâminas finas
1 colher de óleo de gergelim
1 pimentão vermelho longo, em fatias finas
2 xícaras de mizuna ou endívia
Para o curativo
1 colher de chá de sementes de gergelim, torradas
2 colheres de sopa de molho de soja
2 colheres de chá de xarope de milho light ou mel
1 colher de chá de óleo de gergelim
1 colher de arroz integral ou vinagre branco
2 colheres de chá de açúcar mascavo
1 colher de chá de pimenta coreano-americana em pó
1 fatia de cebolinha fina

INSTRUÇÕES
1. Adicione o pó de feijão a 2 ¾ xícaras de água, misture bem e deixe por 60 minutos à parte.
2. Quando estiver pronto, coloque a mistura em uma panela e leve ao fogo até começar a ferver, mexendo sempre para não queimar.
3. Quando ferver, abaixe o fogo e cozinhe por 2 minutos.
4. Assim que engrossar, misture o óleo de gergelim e 1 colher de chá de sal.
5. Retire do fogo e despeje a mistura em uma forma de bolo untada, com 20 cm de diâmetro.
6. Coloque na geladeira até ficar firme, cerca de 60 minutos.

7. Depois de firme, corte em tiras longas e finas, isso faz o macarrão, coloque de lado quando estiver pronto.
8. Em seguida, coloque todos os ingredientes do molho em uma tigela e misture bem.
9. Adicione a mizuna, pepino, macarrão de feijão, pimenta e cenoura, misture delicadamente.
10. Servir.

23. Vermicelli de batata-doce e refogado de carne

Tempo de preparo: 15 minutos
Tempo de cozimento: 10 minutos
Porções: 4 pessoas

INGREDIENTES
- 2 colheres de óleo de gergelim
- ½ libra de filé de olho bovino, em fatias finas
- 2 dentes de alho, em fatias finas
- ⅓ xícara de molho de soja
- 1 colher de açúcar mascavo
- 1 ½ xícaras de cogumelos asiáticos misturados
- 5 cogumelos shiitake secos
- 2 colheres de óleo vegetal
- 1 cenoura, ralada
- 2 cebolas, cortadas em rodelas finas
- 1 colher de sopa de sementes de gergelim torradas
- ¼ libra de aletria de batata-doce, ou aletria de feijão mungo, cozida e escorrida
- 3 xícaras de espinafre baby, apenas as folhas

INSTRUÇÕES
a) Adicione a carne a uma tigela com o molho de soja, açúcar, 2 colheres de chá de óleo de gergelim e alho, coloque filme plástico por cima e leve à geladeira por 30 minutos.
b) Enquanto espera, mergulhe os cogumelos secos por 30 minutos em água fervente, uma vez feito isso, escorra e fatie.
c) Em seguida, coloque 1 colher de sopa de óleo vegetal em uma frigideira ou wok com laterais altas.
d) Quando estiver quente coloque os cogumelos mistos, 1 colher de chá de óleo de gergelim e os cogumelos shiitake, frite por 3 minutos mexendo e tempere.

e) Agora escorra a carne e mantenha a marinada ao lado.
f) Reaqueça a frigideira ou wok com 1 colher de chá de óleo de gergelim e o restante do óleo vegetal.
g) Frite as cebolas por 3-5 minutos até dourar e coloque as cenouras até ficarem macias.
h) Coloque a carne, cozinhando por mais 2-3 minutos.
i) Agora adicione o macarrão, todos os cogumelos, espinafre e o restante do óleo de gergelim.
j) Despeje a marinada e cozinhe por mais 2 minutos.
k) Quando tudo estiver bem quente, desenforme e finalize com as sementes por cima.

24. Macarrão frio picante

Tempo de preparo: 15 minutos
Tempo de cozimento: 10 minutos
Porções: 4 pessoas

INGREDIENTES
- 2 dentes de alho, esmagados
- 3 colheres de sopa de gochujang coreano-americano, uma pasta picante quente
- 1 pedaço do tamanho do polegar de gengibre fresco, descascado e ralado
- $\frac{1}{4}$ xícara de vinagre de arroz
- 1 colher de chá de óleo de gergelim
- 4 rabanetes, em fatias finas
- 2 colheres de sopa de molho de soja
- 4 ovos, escalfados macios
- 1 $\frac{1}{2}$ xícaras de macarrão de trigo sarraceno, cozido, escorrido e fresco
- 1 pepino do telégrafo, cortado em pedaços grandes
- 2 colheres de chá, 1 de cada sementes de gergelim preto e branco
- 1 xícara de kimchi

INSTRUÇÕES
1. Adicione o molho picante, alho, molho de soja, gengibre, vinagre de vinho e óleo de gergelim em uma tigela e misture.
2. Coloque os noodles e misture bem, certificando-se de que estão envolvidos no molho.
3. Coloque nas tigelas de servir, agora adicione a cada um o rabanete, o kimchi, o ovo e o pepino.
4. Termine com uma camada de sementes.

25. Macarrão com molho de feijão preto

Tempo de preparo: 30 minutos
Tempo de cozimento: 25 minutos
Porções: 3 pessoas

INGREDIENTES
- 1 xícara de abobrinha cortada em pedaços de ½ polegada
- ½ libra de barriga de porco, cortada em cubos de ½ polegada
- 1 xícara de batata descascada e cortada em cubos de ½ polegada
- 1 xícara de rabanete ou daikon coreano-americano, cortado em cubos de ½ polegada
- 1 ½ xícaras de cebola, picada grosseiramente
- 2 colheres de sopa de fécula de batata em pó misturada com ½ xícara de água
- 3 colheres de óleo vegetal
- 1 colher de chá de óleo de gergelim
- 1 mais ¼ xícara de pasta de feijão preto
- ½ xícara de pepino, cortado em fatias finas, como palitos de fósforo
- Água
- Macarrão ou arroz para servir

INSTRUÇÕES
a) Adicione 1 colher de sopa de óleo vegetal a uma frigideira funda ou wok e aqueça.
b) Uma vez quente, frite a carne de porco até dourar e crocante, cerca de 5 minutos, mexa enquanto frita.
c) Feito isso tire o excesso de gordura de porco, coloque agora o rabanete e cozinhe por mais 1 minuto.
d) Em seguida, coloque a cebola, a batata e a abobrinha, mexa e frite por mais 3 minutos.
e) Agora, empurre todos os ingredientes para a borda da wok e coloque no meio, 2 colheres de sopa de óleo vegetal, adicione

$\frac{1}{4}$ xícara de pasta de feijão preto, misture e misture tudo das bordas.

f) Despeje 2 xícaras de água, tampe a wok e cozinhe por 10 minutos.
g) Teste se os legumes estão cozidos, se estiver, adicione a água do amido e mexa até engrossar.
h) Por último coloque as sementes de gergelim e retire do fogo.
i) Sirva com o arroz ou macarrão.

26. Tigela de macarrão de frango coreano-americano

Tempo de preparo: 30 minutos
Tempo de cozimento: 10 minutos
Porções: 4 pessoas

INGREDIENTES
1 - pedaço de 1 polegada de gengibre fresco, ralado
¼ xícara de tamari, molho de soja escuro
1 libra de espaguete integral
Tempero a gosto
2 dentes de alho grandes, ralados
2 colheres de pasta de tomate
1 colher de óleo de gergelim
3 colheres de sopa de mel ou xarope de agave
2 colheres de sopa de vinagre de arroz
2 colheres de pasta de tomate
2 colheres de óleo vegetal
¼ repolho pequeno, bem picado
1 maço de cebolinha, cortada em ângulo
1 colher de chá de molho picante
Sementes de gergelim torradas para finalizar
1 libra de coxa ou peito de frango, com osso e sem pele, cortado em tiras
½ pimentão vermelho em cubos ou fatias

INSTRUÇÕES
1. Aqueça uma panela de água fervente com sal e cozinhe o macarrão, mantendo-o levemente crocante, não encharcado.
2. Enquanto isso, coloque no liquidificador o gengibre, o alho, um pouco de água fervente, sal, vinagre, mel, óleo de gergelim, tamari, molho picante e pasta de tomate, pulse até ficar homogêneo.
3. Adicione o óleo vegetal à wok ou frigideira e aqueça.

4.Quando estiver quente, frite as tiras de frango até ficarem douradas cerca de 3 minutos, agora adicione o pimentão e o repolho por mais 2 minutos.
5. Em seguida, coloque o molho e a cebolinha cozinhando por mais 1 minuto.
6.Coloque o frango sobre o macarrão e finalize com as sementes por cima.
7.Sirva com molho picante extra, se desejar.
8.Esta receita pode ser usada com carne de porco, se necessário.

27. Macarrão picante com ovo e pepino

Tempo de preparo: 10 minutos
Tempo de cozimento: 5 minutos
Porções: 4 pessoas

INGREDIENTES
1 colher de sopa de chili em pó coreano-americano
1 ½ xícaras de kimchi, picado
1 ½ xícaras de vinagre de arroz integral
2 colheres de sopa de pasta de pimentão
2 colheres de açúcar mascavo
1 colher de óleo de gergelim
¼ libra de macarrão myeon
1 colher de sopa de molho de soja
½ xícara de repolho ou alface em fatias finas
1 pepino, cortado em fatias finas, sem pele
2 ovos cozidos, cortados ao meio

INSTRUÇÕES
1. Usando uma tigela, misture a pasta de pimenta, o molho de soja, o kimchi, o vinagre de arroz, o óleo de gergelim em pó e o açúcar e coloque ao lado.
2. Coloque o macarrão em água fervente e cozinhe por 3-4 minutos, quando estiver macio, refresque em água fria corrente e escorra.
3. Coloque o macarrão frio ou frio na tigela que contém o molho e misture.
4. Coloque o macarrão nas tigelas de servir e cubra com pepino fatiado, 1 folha de gergelim, repolho ou alface e finalize com metade de um ovo.

28. Macarrão frio coreano-americano

Tempo de preparo: 15 minutos
Tempo de cozimento: 10 minutos
Porções: 2 pessoas

INGREDIENTES
- 2 xícaras de caldo de carne
- ¼ de libra de macarrão de trigo sarraceno, naengyun não soba ou memil gooksu
- 1 colher de sopa de açúcar de arroz integral
- 2 xícaras de caldo de galinha, sem sal
- 1 colher de sopa de vinagre de arroz integral
- 1 pêra asiática pequena, cortada em fatias bem finas
- 2 colheres de açúcar branco
- ½ pepino coreano-americano, sem sementes e cortado em tiras finas
- 1 ovo cozido
- Cubos de gelo para servir
- ¼ xícara de rabanete em conserva
- Peito ou pernil de vaca cozido em fatias finas

INSTRUÇÕES
a) Misture os caldos de carne e de frango, junte o vinagre e corrija os temperos.
b) Leve a mistura à geladeira para descansar por 30 minutos.
c) Enquanto isso, cozinhe o macarrão conforme as instruções da embalagem, em água fervente.
d) Uma vez feito isso, refresque em água fria corrente e escorra.
e) Coloque o macarrão nas tigelas de servir.
f) Agora despeje sobre o caldo livremente e coloque cubos de gelo para cobrir o macarrão.

29. Salada picante de caracol coreano-americano

Tempo de preparo: 20 minutos
Tempo de cozimento: 10 minutos
Porções: 3-4 pessoas

INGREDIENTES
- ½ cebola, em fatias finas
- 1 lata grande ou 2 latas pequenas golbanygi, caracóis marinhos
- ½ cenoura cortada em palitos de fósforo
- ¼ repolho, em fatias finas
- 1 pepino pequeno, cortado em fatias finas em um ângulo
- 2 colheres de sopa de flocos de pimenta coreano-americanos
- 1 dente de alho bem picadinho
- 2 colheres de sopa de vinagre de arroz
- 2 colheres de sopa de pasta de pimenta coreana-americana
- 1 colher de sopa de extrato de ameixa coreano-americano
- 1 cebolinha, picada
- 1 colher de açúcar
- 1 colher de sopa de sementes de gergelim torradas
- Macarrão de trigo fino coreano-americano ou aletria

INSTRUÇÕES
a) Escorra os caracóis do mar, mas guarde 1 colher de sopa do sumo, se os pedaços forem grandes cortados ao meio.
b) Use uma tigela grande e adicione as cenouras, repolho, pepino, caracóis e cebola, coloque de lado.
c) Em seguida, pegue uma tigela menor e misture a pasta de pimenta, açúcar, alho, flocos de pimenta, extrato de ameixa, vinagre, suco de caracol e sementes de gergelim para o molho.
d) Despeje sobre os legumes e misture bem, coloque na geladeira enquanto cozinha o macarrão.

5. Adicione o macarrão à água fervente e cozinhe conforme as instruções da embalagem.
6. Quando estiver pronto, refresque em água corrente e escorra.
7. Quando estiver pronto para servir, misture os dois e aproveite.

30. Macarrão Soba Picante

Tempo de preparo: minutos
Tempo de cozimento: minutos
Porções: 8-10 pessoas

INGREDIENTES
- ½ rabanete ou daikon coreano-americano, cortado em tiras de 2 polegadas, ½ polegada de largura
- 1 pacote de macarrão soba coreano-americano
- 1 colher de sal
- 1 pepino asiático, cortado ao meio, sem sementes e fatiado em ângulo
- 2 colheres de vinagre
- 4 ovos cozidos, cortados ao meio
- 2 colheres de açúcar

PARA O MOLHO
- ¼ xícara de molho de soja
- ½ cebola média, descascada e picada
- ½ xícara de água
- 1 dente de alho
- ½ maçã descascada e cortada em cubos
- 3 colheres de sopa de água ou suco de abacaxi
- 3 rodelas de ananás iguais à maçã
- ⅓ xícara de açúcar mascavo
- 1 xícara de flocos de pimenta coreano-americanos
- 3 colheres de mel
- ¼ xícara de açúcar branco
- ½ colher de chá de gengibre em pó
- 1 colher de sopa de sementes de gergelim torradas
- 1 colher de chá de sal
- 2 colheres de óleo de gergelim
- 1 colher de chá de mostarda coreano-americana ou Dijon

INSTRUÇÕES

a) Fazendo o molho misture em uma panela o molho de soja com ½ xícara de água e ferva.
b) Assim que ferver desligue o fogo e deixe de um lado.
c) Adicione a cebola, o alho, a maçã, o abacaxi e 3 colheres de sopa de água ou suco no liquidificador, pulse até obter um purê.
d) Misture a mistura do purê ao molho de soja e adicione o restante do molho Ingredientes.
e) Despeje a mistura em um recipiente hermético e leve à geladeira por 24 horas.
f) Coloque o açúcar, o rabanete, o sal e o vinagre em uma tigela e descanse por 15-20 minutos, depois esprema o excesso de líquido da mistura.
g) Coloque o macarrão em água fervente e cozinhe conforme as instruções, uma vez feito, refresque em água fria.
h) Na hora de servir, coloque o macarrão nas travessas, regue com 3 colheres de molho e finalize com rabanete e pepino por cima.
i) Se o macarrão for longo, pode ser cortado com uma tesoura.

31. Macarrão coreano-americano com legumes

Tempo de preparo: 15 minutos
Tempo de cozimento: 20 minutos
Porções: 4 pessoas

INGREDIENTES
3 colheres de sopa de óleo de gergelim asiático
6 onças de macarrão de fio de feijão fino
3 colheres de açúcar
½ xícara de tamari
1 colher de óleo de cártamo
1 colher de alho picado
3 cenouras médias, cortadas em palitos de fósforo ⅛ de espessura
3 xícaras de espinafre baby
1 cebola média, cortada em ⅛ fatias
¼ de libra de cogumelos, cortados em ⅛ fatias

INSTRUÇÕES
1. Coloque o macarrão na água e deixe de molho por 10 minutos para amolecer, depois escorra.
2. Coloque o macarrão em água fervente por 2 minutos, quando estiver macio, escorra e refresque em água fria.
3. Coloque o açúcar, o óleo de gergelim e o alho no liquidificador e bata até ficar homogêneo.
4. Em seguida, adicione o óleo em uma frigideira de 12 polegadas, quando começar a soltar fumaça, adicione as cenouras com as cebolas e frite por 3 minutos.
5. Agora adicione os cogumelos por mais 3 minutos, misture o espinafre por 30 segundos, seguido do macarrão.
6. Regue com a mistura de tamari e misture.
7. Abaixe o fogo e cozinhe em fogo baixo por 4 minutos.
8. Sirva quente ou frio.

COMIDA DE RUA E LANCHES

32. Hotteok com legumes e macarrão

Tempo de preparo: 30 minutos
Tempo de cozimento: 5 minutos
Porções: 10 pessoas

INGREDIENTES
PARA A MASSA
- 2 colheres de chá de fermento seco
- 1 xícara de água morna
- ½ colher de chá de sal
- 2 xícaras de farinha de trigo
- 2 colheres de açúcar
- 1 colher de óleo vegetal

PARA O RECHEIO
- 1 colher de açúcar
- 3 onças de macarrão de fécula de batata doce
- ¼ colher de chá de pimenta preta moída
- 2 colheres de sopa de molho de soja
- 3 onças de cebolinha asiática, cortada pequena
- 1 cebola média, em cubos pequenos
- 1 colher de chá de óleo de gergelim
- 3 onças de cenoura, em cubos pequenos
- Óleo de cozinha

INSTRUÇÕES
a) Para fazer a massa, misture o açúcar, o fermento e a água morna em uma tigela, misture até o fermento derreter, agora misture 1 colher de óleo vegetal e sal, misture bem.
b) Misture a farinha e misture em uma massa, uma vez lisa, deixe descansar por 1 ¼ horas para crescer, retire todo o ar enquanto estiver crescendo, cubra e coloque de lado.
c) Enquanto isso, ferva uma panela de água e cozinhe o macarrão, mexa de vez em quando, cozinhe por 6 minutos com a tampa.

d) Refresque em água fria quando ficarem macios e escorra.
e) Corte-os em pedaços de ¼ de polegada, usando uma tesoura.
f) Adicione 1 colher de sopa de óleo a uma frigideira grande ou wok e frite o macarrão por 1 minuto, agora adicione o açúcar, o molho de soja e a pimenta do reino, mexendo.
g) Adicione a cebolinha, a cenoura e a cebola e misture bem.
h) Tire do fogo quando terminar.
i) Em seguida, coloque 1 colher de sopa de óleo em outra frigideira e aqueça, uma vez quente reduza o fogo para médio.
j) Unte a mão com óleo, pegue ½ xícara da massa e pressione em uma forma redonda plana.
k) Agora adicione um pouco de recheio e dobre as bordas em uma bola, selando as bordas.
l) Coloque na frigideira com a extremidade selada para baixo, cozinhe por 30 segundos, depois vire e comprima para que fique com cerca de 4 polegadas redondas, faça isso com uma espátula.
m) Cozinhe por mais 2-3 minutos, até ficar crocante e dourado por toda parte.
n) Coloque em papel de cozinha para retirar o excesso de gordura e repita com o restante da massa.
o) Servir quente.

33. Pão de Ovos

Tempo de preparo: 10 minutos
Tempo de cozimento: 15 minutos
Porções: 3 pessoas

INGREDIENTES
- 3 colheres de açúcar
- 1 colher de chá de fermento em pó
- 1 colher de sopa de manteiga sem sal, derretida
- ½ xícara de farinha de trigo
- Uma pitada de sal
- ½ colher de chá de extrato de baunilha
- 4 ovos
- 1 pedaço de queijo mussarela, cortado em 6 pedaços
- ½ xícara de leite
- 1 colher de chá de óleo de cozinha

INSTRUÇÕES
a) Misture o sal, a farinha, o açúcar, a manteiga, a baunilha, 1 ovo, o fermento e o leite, bata até ficar homogêneo
b) Aqueça o fogão a 400 °F e unte 3 formas pequenas com óleo, as formas devem ter cerca de 4 × 2 × 1 ½ polegadas.
c) Despeje a massa nas formas igualmente, enchendo-as na metade.
d) Coloque 2 pedaços de queijo na mistura ao redor do lado de fora deixando o meio claro.
e) Em seguida, quebre 1 ovo no centro de cada forma.
f) Cozinhe no forno, usando a prateleira do meio por 13-15 minutos, dependendo de como você gosta do seu ovo cozido.
g) Tome quando estiver pronto e sirva quente.

34. Bolo de arroz quente e picante

Tempo de preparo: 10 minutos
Tempo de cozimento: 30 minutos
Porções: 4-6 pessoas

INGREDIENTES
- 4 xícaras de água
- 6 × 8 polegadas de algas secas
- 1 libra de bolo de arroz em forma de cilindro
- 7 anchovas grandes, limpas
- ⅓ xícara de pasta de pimenta coreana-americana
- 3 cebolinhas, cortadas em pedaços de 3 polegadas
- 1 colher de açúcar
- ½ libra de bolos de peixe
- 1 colher de sopa de pimenta em flocos
- 2 ovos cozidos

INSTRUÇÕES
a) Coloque a alga e as anchovas em uma panela rasa com água e aqueça, fervendo por 15 minutos sem tampa.
b) Usando uma tigela pequena, misture os flocos de pimenta e cole com o açúcar.
c) Retire as algas e as anchovas da panela e coloque o bolo de arroz, mistura de pimenta, cebolinha, ovos e bolinhos de peixe.
d) O caldo deve ficar em torno de 2 ½ xícaras.
e) Quando começar a ferver, misture delicadamente e deixe engrossar por 14 minutos, agora deve estar com aspecto brilhante.
f) Adicione um pouco de água extra se o bolo de arroz não estiver macio e cozinhe um pouco mais.
g) Assim que estiver pronto desligue o fogo e sirva.

35. Panquecas coreanas de frutos do mar

Tempo de preparo: 15 minutos
Tempo de cozimento: 10 minutos
Porções: 4-6 pessoas

INGREDIENTES
PARA AS PANQUECAS
- 2 ovos médios
- 2 xícaras de mistura de panqueca, coreano-americano
- ½ colher de chá de sal
- 1 ½ xícaras de água
- 2 onças de amêijoas
- 12 raízes de cebolinha médias, cortadas
- 2 onças de lula
- ¾ xícara de óleo vegetal
- 2 onças de camarão, limpo e limpo
- 4 pimentas malaguetas médias, cortadas em ângulo

PARA O MOLHO
- 1 colher de vinagre
- 1 colher de sopa de molho de soja
- 4 pimentas malaguetas médias, cortadas em ângulo
- ¼ colher de chá de alho
- 1 colher de água

INSTRUÇÕES
a) Adicione um pouco de sal a uma tigela de água e lave e escorra os frutos do mar, coloque ao lado.
b) Em seguida, misture usando uma tigela separada, a água, pimentas vermelhas e verdes, molho de soja, alho e vinagre, coloque de lado.
c) Usando outra tigela, bata os ovos, a mistura para panquecas, a água fria e o sal até obter um creme homogêneo.
d) Coloque em uma frigideira levemente untada e aqueça.

e) Use uma medida de $\frac{1}{2}$ xícara e despeje a mistura na frigideira quente.
f) Agite para nivelar a mistura, agora coloque 6 pedaços de cebolinha por cima, adicione as pimentas e frutos do mar.
g) Pressione levemente a comida na panqueca e adicione outra $\frac{1}{2}$ xícara da mistura por cima.
h) Cozinhe até que a base esteja dourada, cerca de 5 minutos.
i) Agora, vire a panqueca delicadamente, adicionando um pouco de óleo nas bordas e cozinhe por mais 5 minutos.
j) Feito isso, vire para trás e retire da frigideira.
k) Faça o mesmo com a massa restante.

36. Sanduíche vegano de Bulgolgi

Tempo de preparo: 20 minutos
Tempo de cozimento: 5-8 minutos
Porções: 4 pessoas

INGREDIENTES
- ½ cebola média, fatiada
- 4 pães de hambúrguer pequenos
- 4 folhas de alface vermelha
- 2 xícaras de cachos de soja
- 4 fatias de queijo vegano
- maionese orgânica

PARA A MARINADA
- 1 colher de óleo de gergelim
- 2 colheres de sopa de molho de soja
- 1 colher de chá de sementes de gergelim
- 2 colheres de sopa de agave ou açúcar
- ½ colher de chá de pimenta preta moída
- 2 cebolinhas, picadas
- ½ pêra asiática, em cubos, se desejar
- ½ colher de sopa de vinho branco
- 1-2 pimentas verdes coreanas-americanas em cubos
- 2 dentes de alho, esmagados

INSTRUÇÕES
a) Faça os cachos de soja conforme as instruções da embalagem.
b) Em seguida, coloque todos os ingredientes da marinada em uma tigela grande e misture para formar o molho.
c) Retire a água dos cachos de soja apertando suavemente.
d) Adicione os cachos com a cebola fatiada à mistura da marinada e cubra tudo.
e) Adicione 1 colher de sopa de óleo à frigideira quente, em seguida, adicione toda a mistura e frite por 5 minutos, até

que as cebolas e os cachos estejam dourados e o molho engrossar.
f) Enquanto isso, toste os pães de hambúrguer com o queijo no pão.
g) Espalhe sobre a maionese, seguida da mistura de cachos e finalize com folha de alface por cima.

37. Bolo de ovo e bacon coreano-americano

Tempo de preparo: 25 minutos
Tempo de cozimento: 15 minutos
Porções: 6 pessoas

INGREDIENTES
Para o pão
½ xícara de leite
¾ xícara de farinha com fermento ou farinha multi com ¼ colher de chá de fermento em pó
4 colheres de açúcar
1 ovo
1 colher de chá de manteiga ou azeite
¼ colher de chá de sal
¼ colher de chá de essência de baunilha
Para o recheio
1 fatia de bacon
Sal a gosto
6 ovos

INSTRUÇÕES
1. Aqueça o fogão a 375°F.
2. Misture com uma tigela, ¼ colher de chá de sal, farinha e 4 colheres de chá de açúcar.
3. Quebre o ovo na mistura e misture bem.
4. Despeje lentamente o leite, uma pequena quantidade de cada vez, até engrossar.
5. Unte uma assadeira com óleo e, em seguida, coloque a mistura de farinha sobre a forma formando 6 ovais ou você pode usar forminhas de papel para bolo.
6. Se for moldar, faça pequenas reentrâncias em cada uma e quebre um ovo em cada buraco ou em cima de cada forma de bolo.

7. Pique o bacon e polvilhe sobre cada um, se tiver salsinha à mão acrescente um pouco também.
8. Cozinhe por 12-15 minutos.
9. Retire e divirta-se.

38. Arroz com curry coreano-americano

Tempo de preparo: 20 minutos
Tempo de cozimento: 30 minutos
Porções: 4 pessoas

INGREDIENTES
- 1 cenoura média, descascada e cortada em cubos
- 7 onças de carne bovina, em cubos
- 2 cebolas, picadas
- 2 batatas descascadas e cortadas em cubos
- $\frac{1}{2}$ colher de chá de alho em pó
- Tempero a gosto
- 1 abobrinha média, em cubos
- Óleo vegetal para cozinhar
- 4 onças de mistura de molho de curry

INSTRUÇÕES
a) Coloque um pouco de óleo em uma wok ou frigideira funda e aqueça.
b) Tempere a carne e coloque o azeite, mexendo e cozinhando por 2 minutos.
c) Em seguida, adicione a cebola, as batatas, o alho em pó e as cenouras, frite por mais 5 minutos e, em seguida, adicione a abobrinha.
d) Despeje 3 xícaras de água e aqueça até começar a ferver.
e) Abaixe o fogo e cozinhe em fogo baixo por 15 minutos.
f) Acrescente a mistura de curry aos poucos até engrossar.
g) Despeje sobre o arroz e delicie-se.

39. Rolinho de ovo de zebra

Tempo de preparo: minutos
Tempo de cozimento: minutos
Porções: 1 pessoa

INGREDIENTES
- ¼ colher de chá de sal
- 3 ovos
- Óleo de cozinha
- 1 colher de leite
- 1 folha de alga

INSTRUÇÕES
a) Quebre a folha de alga em pedaços.
b) Agora quebre os ovos em uma tigela e adicione o sal com o leite, bata juntos.
c) Coloque uma frigideira no fogão e aqueça com um pouco de óleo, é melhor se você tiver uma frigideira antiaderente.
d) Despeje o ovo suficiente para cobrir apenas a base da frigideira e depois polvilhe com a alga.
e) Quando o ovo estiver meio cozido, enrole-o e empurre-o para o lado da frigideira.
f) Em seguida, unte novamente se necessário e ajuste o fogo se estiver muito quente, coloque outra camada fina de ovo e polvilhe novamente com a semente, agora enrole a primeira sobre a cozedura e coloque do outro lado da panela.
g) Repita isso até terminar o ovo.
h) Desenforme sobre uma tábua e fatie.

40. Bolos de nozes com topo de fogão coreano-americano

Tempo de preparo: 10 minutos
Tempo de cozimento: 10 minutos
Porções: 12 pessoas

INGREDIENTES
- 1 lata de feijão vermelho azuki
- 1 xícara de mistura de panqueca ou mistura de waffle
- 1 colher de chá de extrato de baunilha
- 1 colher de açúcar
- 1 pacote de nozes

INSTRUÇÕES
a) Faça a mistura de panqueca conforme as instruções do pacote com o açúcar extra.
b) Quando a mistura estiver pronta, coloque em um recipiente com bico.
c) Usando 2 assadeiras de cakelet, se você não tiver, pode usar forminhas de muffin, aqueça no fogão em uma configuração baixa, elas queimarão em alta.
d) Adicione a mistura à primeira forma, mas encha apenas até a metade.
e) Adicione rapidamente 1 noz e 1 colher de chá de feijão vermelho a cada um coloque o restante da mistura na outra lata.
f) Em seguida, inverta a primeira forma sobre a segunda, alinhando as formas, cozinhe por mais 30 segundos, assim que a segunda forma estiver cozida, desligue o fogo.
g) Agora retire a forma superior e, em seguida, retire os bolos para o prato de servir.

41. Sanduíche de rua

Tempo de preparo: 15 minutos
Tempo de cozimento: 8 minutos
Porções: 2 pessoas

INGREDIENTES
- ⅔ xícara de repolho, cortado em tiras finas
- 4 fatias de pão branco
- 1 colher de manteiga com sal
- ⅛ xícara de cenoura, cortada em tiras finas
- 2 ovos
- ¼ colher de chá de açúcar
- ½ xícara de pepino, em fatias finas
- Catchup a gosto
- 1 colher de óleo de cozinha
- Maionese a gosto
- ⅛ colher de chá de sal

INSTRUÇÕES
a) Em uma tigela grande, quebre os ovos com o sal, em seguida, adicione as cenouras e o repolho, misturando.
b) Coloque o azeite em uma frigideira funda e aqueça.
c) Adicione metade da mistura à frigideira e faça 2 formas de pão, mantendo-as separadas.
d) Agora adicione a mistura de ovos restante por cima dos 2 na frigideira, isso dará uma boa forma.
e) Cozinhe por 2 minutos, vire e cozinhe por mais 2 minutos.
f) Dissolva metade da manteiga em uma panela separada, uma vez quente coloque duas das fatias de pão e vire para que os dois lados absorvam a manteiga, continue cozinhando até dourar dos dois lados, cerca de 3 minutos.
7. Repita com as outras 2 fatias.

8.Depois de cozido coloque nas travessas e adicione ½ do açúcar a cada uma.
9.Pegue a mistura de ovos fritos e coloque no pão.
10.Adicione o pepino e coloque o ketchup e a maionese.
11.Coloque a outra fatia de pão por cima e corte em duas.

42. Legumes Fritos

Tempo de preparo: minutos
Tempo de cozimento: minutos
Porções: 15 pessoas

INGREDIENTES
- 1 malagueta vermelha fresca, cortada ao meio de cima para baixo
- 1 cenoura grande descascada e cortada em $\frac{1}{8}$ bastões
- 2 maços de cogumelos enoki, separados
- 1 abobrinha cortada em $\frac{1}{8}$ bastões
- 4 cebolinhas, cortadas em pedaços de 2 polegadas
- 6 dentes de alho, em fatias finas
- 1 batata doce média, cortada em bastões
- 1 batata média, cortada em bastões
- Óleo vegetal para fritar

PARA A MASSA
- $\frac{1}{4}$ xícara de amido de milho
- 1 xícara de farinha de trigo
- 1 ovo
- $\frac{1}{4}$ xícara de farinha de arroz
- 1 $\frac{1}{2}$ xícaras de água gelada
- $\frac{1}{2}$ colher de chá de sal

PARA O MOLHO
- 1 dente de alho
- $\frac{1}{2}$ xícara de molho de soja
- 1 cebolinha
- $\frac{1}{2}$ colher de chá de vinagre de arroz
- $\frac{1}{4}$ colher de chá de óleo de gergelim
- 1 colher de chá de açúcar mascavo

INSTRUÇÕES
a) Coloque uma panela com água para ferver.

b) Coloque as cenouras e os dois tipos de batata na água, desligue o fogo e deixe por 4 minutos, depois retire da água enxague, escorra e seque com papel de cozinha.
c) Misture a cebolinha, a abobrinha, o alho e a pimenta vermelha em uma tigela e misture bem.
d) Para a massa misture todos os ingredientes secos.
e) Agora bata a água e os ovos juntos, em seguida, adicione aos ingredientes secos e misture bem em uma massa.
f) Em seguida, faça o molho batendo o açúcar, vinagre, soja e óleo de gergelim juntos.
g) Pique finamente a cebolinha e o alho, em seguida, misture na mistura de soja.
h) Adicione óleo suficiente a uma wok ou frigideira funda, o óleo deve ter cerca de 3 polegadas de profundidade.
i) Quando o óleo estiver quente, passe os legumes pela massa, deixe escorrer o excesso e frite por 4 minutos.
j) Escorra e seque em papel de cozinha quando estiver pronto.
k) Sirva com o molho.

SOBREMESAS

43. Panquecas doces coreanas-americanas

Tempo de preparo: 25 minutos
Tempo de cozimento: 6 minutos
Porções: 8 pessoas

INGREDIENTES
1 colher de açúcar granulado
1 ¾ xícaras de farinha de pão
2 ¼ colher de chá de fermento instantâneo
1 ¼ xícaras de farinha de arroz doce
1 colher de óleo vegetal
1 colher de chá de sal
5 colheres de óleo, para fritar
1 ½ xícaras de leite morno
Para o recheio
1 colher de chá de canela
⅔ xícara de açúcar mascavo
2 colheres (sopa) de nozes picadas, de sua preferência

INSTRUÇÕES
1. Usando uma tigela grande, misture o fermento, a farinha, o açúcar e o sal, misture bem.
2. Agora coloque 1 colher de sopa de óleo no leite e mexa na mistura seca, bata por 2 minutos e depois coloque um pano por cima e descanse na sala por 60 minutos.
3. Depois de dobrar de tamanho, bata e descanse novamente por 15 minutos.
4. Enquanto isso, misture os ingredientes do recheio e coloque à parte.
5. Divida a massa em 8 pedaços, unte as mãos e coloque 1 pedaço de cada vez na mão e empurre para baixo para formar um disco, com cerca de 4 polegadas de largura.

6. Adicione 1 ½ colheres de sopa da mistura de açúcar no meio, agora dobre as bordas até o centro e feche.
7. Adicione o óleo na frigideira e aqueça em fogo médio a baixo.
8. Coloque a bola no óleo quente com o lado selado para baixo e pressione para achatar, você pode usar uma espátula para isso.
9. Se você descobrir algum buraco, use um pouco de massa para tapá-lo.
10. Cozinhe por 3 minutos, quando estiver crocante vire e cozinhe por mais 3 minutos.
11. Retire quando estiver dourado.
12. Deixe esfriar um pouco antes de comer, o centro de açúcar estará quente.

44. Peras Pochê com Mel Coreano-Americano

Tempo de preparo: 5 minutos
Tempo de cozimento: 20 minutos
Porções: 4 pessoas

INGREDIENTES

- $\frac{1}{2}$ onça de gengibre fresco, descascado e cortado em fatias finas
- 1 libra de peras coreanas-americanas, descascadas
- 24 grãos de pimenta preta
- 3 xícaras de água
- 2 colheres de açúcar ou mel
- Pinhões para finalizar se desejar

INSTRUÇÕES

a) Coloque a água em uma panela e adicione o gengibre, aqueça até ferver e deixe por 6-8 minutos.
b) Entretanto corte as peras em 8 gomos.
c) Agora empurre 3 grãos de pimenta em cada fatia de pêra, certificando-se de que eles entrem e não caiam.
d) Retire o gengibre da água e coloque o açúcar ou mel e as peras, cozinhe por 10 minutos.
e) Depois de pronto retire e esfrie e leve à geladeira para esfriar.
f) Sirva frio ou pode ser servido quente, se desejar, polvilhe com nozes se estiver usando.

45. Sorvete de leite coreano-americano

Tempo de preparo: 3 minutos
Tempo de cozimento: 3 minutos
Porções: 2 pessoas

INGREDIENTES
- 2 colheres de sopa de mini bolos de arroz mochi
- 2 colheres de pasta de feijão vermelho adoçada
- 4 colheres de chá de pó multigrãos coreano-americano
- 2-3 pedaços de bolo de arroz glutinoso coreano-americano, revestido com pó de soja torrado, cortado em cubos de $\frac{3}{4}$ de polegada
- 4 colheres de chá de flocos de amêndoa naturais
- Para o gelo
- 2 colheres de sopa de leite condensado, adoçado
- 1 xícara de leite

INSTRUÇÕES
a) Misture o leite condensado e o leite em uma xícara com bocal para despejar.
b) Coloque a mistura em uma bandeja de gelo e congele até formar blocos de gelo, cerca de 5 horas.
c) Uma vez definido, retire e coloque-os no liquidificador, ou se você puder raspar, pulse até ficar homogêneo.
d) Coloque todos os ingredientes em uma tigela de servir que foi refrigerada.
e) Na base coloque 3 colheres de sopa de sorbet, depois polvilhe com 1 colher de chá de pó multigrãos.
f) Em seguida, adicione mais 3 colheres de sopa do sorbet, seguido de mais grãos em pó.
g) Agora coloque por cima os bolinhos de arroz e a pasta de feijão.
h) Polvilhe com amêndoas e sirva.

46. Espetos de bolo de arroz coreano-americano

Tempo de preparo: 10 minutos
Tempo de cozimento: 10 minutos
Porções: 4 pessoas

INGREDIENTES
PARA O PRINCIPAL
- Óleo de cozinha
- 32 pedaços de bolos de arroz coreano-americanos
- 2 colheres de sopa de nozes trituradas, de sua preferência ou sementes de gergelim

PARA O MOLHO
- 1 colher de mel
- 1 $\frac{1}{2}$ colheres de sopa de molho de tomate
- 1 colher de chá de açúcar mascavo escuro
- 1 colher de sopa de pasta de pimenta coreana-americana
- $\frac{1}{2}$ colher de sopa de molho de soja
- $\frac{1}{4}$ colher de chá de alho picado
- 1 colher de chá de óleo de gergelim

INSTRUÇÕES
a) Adicione os bolos de arroz à água fervente para amolecê-los por apenas 30 segundos, depois lave em água fria e escorra.
b) Usando papel de cozinha, seque-os de qualquer excesso de água.
c) Coloque uma segunda panela no fogão e adicione o molho Ingredientes , aqueça e mexa para derreter o açúcar ou o mel, continue mexendo para não queimar, retire quando engrossar.
d) Coloque os bolos em um espeto, certificando-se de que cabe na sua frigideira.
e) Aqueça um pouco de óleo em uma frigideira, uma vez quente coloque nos espetos e frite por 1 minuto.

f) Retire e regue com todo o molho.
g) Finalize com sementes de gergelim ou nozes.

47. Bolo de kiwi de morango coreano-americano

Tempo de preparo: 30 minutos
Tempo de cozimento: 15 minutos
Porções: 8 pessoas

INGREDIENTES

1 xícara de açúcar
11 colheres de sopa de farinha de trigo
1 colher de água
6 ovos grandes
1 colher de água quente
2 xícaras de creme de leite
3 colheres de óleo vegetal
1 colher de chá de extrato de baunilha
1 xícara de morangos, picados
2 colheres de mel
1 xícara de kiwi, picado

INSTRUÇÕES

1. Aqueça o fogão a 375 °F e coloque papel manteiga em uma assadeira 16×11.
2. Passe a farinha por uma peneira em uma tigela.
3. Bata as claras por 60 segundos até ficarem espumosas, depois adicione o açúcar aos poucos e bata até atingir picos, se você tiver uma batedeira elétrica seria melhor.
4. Em seguida, adicione delicadamente as gemas, uma a uma, batendo por 60 segundos entre a adição, uma vez que todas estejam adicionadas, adicione a água e o óleo, bata novamente por 10 segundos.
5. Agora misture a farinha lentamente e misture bem.
6. Adicione a mistura de bolo à assadeira e solte a bandeja algumas vezes para eliminar o ar.
7. Cozinhe no forno por 12-15 minutos.

8. Quando estiver pronto retire e coloque o papel manteiga por cima, depois desenforme, retire o papel da base e coloque em uma grade de resfriamento.
9. Enquanto estiver quente, enrole-o com o papel manteiga, deixando-o dentro do rolo de bolo.
10. Deixe esfriar por mais 10 minutos.
11. Enquanto espera, misture o mel e a água e coloque à parte.
12. Bata as natas com a baunilha e o restante açúcar até atingir o pico.
13. Em seguida, pegue o bolo e desenrole, retire o papel e corte uma das pontas em ângulo, para dar uma aparência final.
14. Passe o mel sobre o bolo seguido do creme.
15. Adicione o kiwi e os morangos, depois enrole, mantenha-o redondo colocando papel manteiga por fora.
16. Deixe na geladeira por 20 minutos para manter a forma.
17. Pegue a fatia e sirva.

48. Sobremesa coreano-americana Yakwa

Tempo de preparo: 25 minutos
Tempo de cozimento: 35 minutos
Porções: 6-8 pessoas

INGREDIENTES
- ¼ xícara de soju
- 2 ¼ xícaras de farinha de pastelaria ou farinha de proteína média
- ¼ xícara de mel
- ¼ xícara de óleo de gergelim
- 1 colher de chá de fermento em pó
- 2 colheres de sopa de pinhões picados
- ⅛ colher de chá de sal
- 2 colheres de manteiga derretida
- ¼ colher de chá de bicarbonato de sódio
- Para o xarope
- 2 xícaras de água
- 1 xícara de calda de arroz
- 1 colher de sopa de gengibre fresco ralado
- 1 xícara de mel

INSTRUÇÕES
a) Aqueça o fogão a 250°F.
b) Coloque o sal, o bicarbonato de sódio, o pó e a farinha em uma tigela e misture.
c) Agora adicione o óleo de gergelim e use as mãos para misturar.
d) Usando uma tigela menor, misture o mel e o soju e, em seguida, adicione à mistura de massa, misture delicadamente.
e) Assim que tiver a massa divida em 2 partes.
f) Coloque 1 metade em uma bancada e estenda para um retângulo de ¼ de polegada de espessura.

g) Corte em pedaços de 1 × 1 polegada ou pode ser cortado na diagonal para formar diamantes.
h) Faça furos no topo usando um garfo e unte o topo de cada um.
i) Coloque na assadeira e leve ao forno por 15 minutos.
j) Enquanto isso, adicione o mel, a água e a calda de arroz em uma panela ou frigideira e leve ao fogo mexendo até ferver, depois desligue o fogo e misture o gengibre, deixe ao lado.
k) Ligue o fogão a 300 °F e por mais 10 minutos.
l) Agora, pela última vez, ligue o fogão a 350 °F e cozinhe por mais 7 minutos, ou até dourar.
m) Depois de retirá-los, coloque imediatamente na calda e deixe por ½ hora, quanto mais tempo melhor.
n) Retire na hora de servir e polvilhe com pinhões.

49. Pudim de tapioca coreano-americano

Tempo de preparo: minutos
Tempo de cozimento: minutos
Porções: 6 pessoas

INGREDIENTES
2 ½ gemas grandes
3 xícaras de leite integral
¼ xícara) de açúcar
⅓ xícara de pequenas pérolas de tapioca
1 fava de baunilha
¼ colher de chá de extrato de baunilha puro
3 colheres de chá de mel e cidra coreano-americano
½ colher de chá de sal

INSTRUÇÕES
1. Coloque o leite em um suporte para 4 xícaras, adicione ¾ xícara em uma panela com fundo grosso e coloque a tapioca, deixe por 60 minutos.
2. Bata as gemas, o açúcar e o sal, abra a semente de baunilha e retire as sementes, coloque-as no suporte para 4 xícaras.
3. Quando a tapioca estiver pronta, misture o creme de leite e leve ao fogo até ferver, não esqueça de mexer.
4. Assim que ferver, abaixe o fogo e cozinhe por 20 minutos.
5. Retire do fogo e misture o extrato de baunilha com o chá coreano-americano.
6. Sirva quando estiver pronto.

50. Bolo de arroz picante coreano-americano

Tempo de preparo: minutos
Tempo de cozimento: minutos
Porções: 1 pessoa

INGREDIENTES

- 2 colheres de açúcar
- 1 xícara de bolo de arroz
- 1 colher de chá de molho de soja
- 2 colheres de chá de pasta de feijão picante coreano-americano
- Sementes de gergelim para finalizar
- $\frac{3}{4}$ xícara de água

INSTRUÇÕES

a) Adicione a água a uma panela com a pasta de feijão e o açúcar, aqueça até ferver.
b) Agora coloque o bolo de arroz, abaixe o fogo e cozinhe em fogo baixo por 10 minutos.
c) Sirva quando estiver pronto.

51. Peras assadas em batatas fritas Wonton e mel, mascarpone de canela

Tempo de preparo: 20 minutos
Tempo de cozimento: 45 minutos
Porções: 4 pessoas

INGREDIENTES
- ½ colher de chá de canela em pó, dividida
- 2 peras coreano-americanas
- ½ xícara mais 1 colher de sopa de mel, dividido
- 4 - invólucros de 6 × 6 wonton
- ¼ xícara de mascarpone
- 1 ½ colheres de sopa de manteiga sem sal derretida

INSTRUÇÕES
a) Aqueça o fogão a 375 °F e forre uma assadeira com papel manteiga.
b) Corte ½ polegada da base e do topo da pêra.
c) Agora descasque-os e corte no meio horizontal, retire as sementes
d) Coloque as embalagens em uma superfície plana e seca, adicione a metade da pêra a cada embalagem e polvilhe com canela, depois polvilhe um pouco de mel com cerca de 1 colher de sopa.
e) Levante os cantos e sele usando o mel.
f) Coloque-os na assadeira e leve ao forno por 45 minutos, se a massa estiver muito colorida, cubra com um pouco de papel alumínio.
g) Misture o restante do mel, canela e mascarpone em uma mistura suave.
h) Sirva os pacotes com o mascarpone.

52. Bolo de Arroz Doce Saudável

Tempo de preparo: minutos
Tempo de cozimento: minutos
Porções: 10 pessoas

INGREDIENTES

- ½ xícara de kabocha seca ou outro tipo de abóbora
- 1 xícara de soja preta demolhada
- 10 castanhas cortadas em quatro
- 12 tâmaras secas
- ½ xícara de nozes, cortadas em quatro
- ⅓ xícara de farinha de amêndoas
- 5 xícaras de farinha de arroz doce úmida congelada, descongelada
- 3 colheres de açúcar

INSTRUÇÕES

a) Lave a abóbora reidratada usando uma colher de sopa de água, adicione mais se necessário para deixá-la macia.
b) Usando uma tigela grande, misture o açúcar, a farinha de amêndoa e a farinha de arroz, misture bem.
c) Agora adicione 2 colheres de sopa de água e, usando as mãos, esfregue, tente deixá-lo sem grumos.
d) Em seguida, misture o restante dos ingredientes e misture.
e) Coloque uma panela a vapor no fogão e use um pano úmido para forrar a cesta.
f) Adicione a mistura com uma colher grande e nivele, coloque um pano por cima e cozinhe no vapor por ½ hora.
g) Retire quando estiver pronto e frio, uma vez que você pode manuseá-lo, vire e vire sobre uma superfície de trabalho.
h) Retire o pano e corte e modele em poções para servir.

ALMOÇO QUENTE

53. Tigelas de burrito de frango

INGREDIENTES

Molho de creme de chipotle
- $\frac{1}{2}$ xícara de iogurte grego desnatado
- 1 pimenta chipotle em molho adobo, picada ou mais a gosto
- 1 dente de alho, picado
- 1 colher de sopa de suco de limão espremido na hora

Tigela de Burrito
- $\frac{2}{3}$ xícara de arroz integral
- 1 colher de azeite
- 1 quilo de frango moído
- $\frac{1}{2}$ colher de chá de pimenta em pó
- $\frac{1}{2}$ colher de chá de alho em pó
- $\frac{1}{2}$ colher de chá de cominho moído
- $\frac{1}{2}$ colher de chá de orégano seco
- $\frac{1}{4}$ colher de chá de cebola em pó
- $\frac{1}{4}$ colher de chá de páprica
- Sal Kosher e pimenta preta moída na hora, a gosto
- 1 lata (15 onças) de feijão preto, escorrido e enxaguado
- 1 $\frac{3}{4}$ xícaras de grãos de milho (congelados, enlatados ou torrados)
- $\frac{1}{2}$ xícara de pico de gallo (caseiro ou comprado em loja)

INSTRUÇÕES

a) PARA O MOLHO DE CREME CHIPOTLE: Misture o iogurte, pimenta chipotle, alho e suco de limão. Cubra e leve à geladeira por até 3 dias.

b) Cozinhe o arroz de acordo com as instruções da embalagem em uma panela grande com 2 xícaras de água; deixou de lado.
c) Aqueça o azeite em uma panela grande ou forno holandês em fogo médio-alto. Adicione o frango moído, pimenta em pó, alho em pó, cominho, orégano, cebola em pó e páprica; Tempere com sal e pimenta. Cozinhe até o frango dourar, 3 a 5 minutos, certificando-se de esfarelar o frango enquanto cozinha; drenar o excesso de gordura.
d) Divida o arroz em recipientes de preparação de refeições. Cubra com a mistura de frango moído, feijão preto, milho e pico de gallo. Vai manter coberto na geladeira por 3 a 4 dias. Regue com o molho de creme de chipotle. Decore com coentro e rodelas de limão, se desejar, e sirva. Reaqueça no microondas em intervalos de 30 segundos até aquecer completamente.

54. tikka masala de frango

INGREDIENTES

- 1 xícara de arroz basmati
- 2 colheres de manteiga sem sal
- 1 ½ quilo de peito de frango desossado e sem pele, cortado em pedaços de 1 polegada
- Sal Kosher e pimenta preta moída na hora, a gosto
- 1 cebola, em cubos
- 2 colheres de pasta de tomate
- 1 colher de sopa de gengibre fresco ralado
- 3 dentes de alho, picados
- 2 colheres de chá de garam masala
- 2 colheres de chá de pimenta em pó
- 2 colheres de chá de açafrão moído
- 1 (28 onças) lata de tomate em cubos
- 1 xícara de caldo de galinha
- ⅓ xícara de creme de leite
- 1 colher de sopa de suco de limão fresco
- ¼ xícara de folhas de coentro frescas picadas (opcional)
- 1 limão cortado em gomos (opcional)

INSTRUÇÕES

a) Cozinhe o arroz de acordo com as instruções da embalagem em uma panela grande com 2 xícaras de água; deixou de lado.

b) Derreta a manteiga em uma frigideira grande em fogo médio. Tempere o frango com sal e pimenta. Adicione o frango e a cebola à frigideira e cozinhe, mexendo ocasionalmente, até dourar, 4 a 5 minutos. Misture a pasta de tomate, gengibre, alho, garam masala, pimenta em pó e açafrão e cozinhe até ficar bem combinado, 1 a 2 minutos. Junte os tomates picados e o caldo de galinha. Leve para ferver; reduza o fogo e cozinhe, mexendo ocasionalmente, até engrossar ligeiramente, cerca de 10 minutos.

c) Junte o creme de leite, o suco de limão e o frango e cozinhe até aquecer, cerca de 1 minuto.
d) Coloque a mistura de arroz e frango em recipientes de preparação de refeições. Decore com coentro e rodela de limão, se desejar, e sirva. Vai manter coberto na geladeira 3 a 4 dias. Reaqueça no microondas em intervalos de 30 segundos até aquecer completamente.

55. tigelas de frango grego

INGREDIENTES
Frango e arroz
- 1 quilo de peito de frango desossado e sem pele
- ¼ xícara mais 2 colheres de sopa de azeite, divididas
- 3 dentes de alho, picados
- Suco de 1 limão
- 1 colher de sopa de vinagre de vinho tinto
- 1 colher de sopa de orégano seco
- Sal Kosher e pimenta preta moída na hora, a gosto
- ¾ xícara de arroz integral

Salada de pepino
- 2 pepinos ingleses, descascados e fatiados
- ½ xícara de cebola roxa em fatias finas
- Suco de 1 limão
- 2 colheres de azeite extra virgem
- 1 colher de sopa de vinagre de vinho tinto
- 2 dentes de alho, prensados
- ½ colher de chá de orégano seco

Molho Tzatziki
- 1 xícara de iogurte grego
- 1 pepino inglês, finamente picado
- 2 dentes de alho, prensados
- 1 colher de dill fresco picado
- 1 colher de chá de raspas de limão
- 1 colher de sopa de suco de limão espremido na hora
- 1 colher de chá de hortelã fresca picada (opcional)
- Sal Kosher e pimenta preta moída na hora, a gosto
- 2 colheres de azeite extra virgem
- 1 ½ kg de tomates cereja, cortados ao meio

INSTRUÇÕES

a) PARA O FRANGO: Em um saco ziplock do tamanho de um galão, misture o frango, ¼ xícara de azeite, alho, suco de limão, vinagre e orégano; Tempere com sal e pimenta. Marinar o frango na geladeira por pelo menos 20 minutos ou até 1 hora, virando o saco de vez em quando. Escorra o frango e descarte a marinada.
b) Aqueça as 2 colheres de sopa restantes de azeite em uma frigideira grande em fogo médio-alto. Adicione o frango e cozinhe, virando uma vez, até ficar cozido, 3 a 4 minutos de cada lado. Deixe esfriar antes de cortar em pedaços pequenos.
c) Cozinhe o arroz em uma panela grande com 2 xícaras de água de acordo com as instruções da embalagem.
d) Divida o arroz e o frango em recipientes de preparação de refeições. Mantém-se coberto na geladeira por até 3 dias.
e) PARA A SALADA DE PEPINO: Combine os pepinos, cebola, suco de limão, azeite, vinagre, alho e orégano em uma tigela pequena. Cubra e leve à geladeira por até 3 dias.
f) PARA O MOLHO TZATZIKI: Misture o iogurte, pepino, alho, endro, raspas e suco de limão e hortelã (se estiver usando) em uma tigela pequena. Tempere com sal e pimenta a gosto e regue com o azeite. Cubra e leve à geladeira por pelo menos 10 minutos, permitindo que os sabores se fundam. Pode ser refrigerado de 3 a 4 dias.
g) Para servir, reaqueça o arroz e o frango no micro-ondas em intervalos de 30 segundos, até aquecer. Cubra com salada de pepino, tomate e molho Tzatziki e sirva.

56. Tigelas de carne de preparação de refeição coreana-americana

INGREDIENTES
- ⅔ xícara de arroz branco ou integral
- 4 ovos médios
- 1 colher de azeite
- 2 dentes de alho, picados
- 4 xícaras de espinafre picado

carne coreana-americana
- 3 colheres de sopa de açúcar mascavo embalado
- 3 colheres de sopa de molho de soja com baixo teor de sódio
- 1 colher de sopa de gengibre fresco ralado
- 1 ½ colheres de chá de óleo de gergelim
- ½ colher de chá de sriracha (opcional)
- 2 colheres de chá de azeite
- 2 dentes de alho, picados
- 1 quilo de carne moída
- 2 cebolinhas verdes em fatias finas (opcional)
- ¼ colher de chá de sementes de gergelim (opcional)

INSTRUÇÕES
a) Cozinhe o arroz de acordo com as instruções da embalagem; deixou de lado.

b) Coloque os ovos em uma panela grande e cubra com água fria por 1 polegada. Leve ao fogo e cozinhe por 1 minuto. Cubra a panela com uma tampa apertada e retire do fogo; deixe descansar por 8 a 10 minutos. Escorra bem e deixe esfriar antes de descascar e cortar ao meio.

c) Aqueça o azeite em uma frigideira grande em fogo médio-alto. Adicione o alho e cozinhe, mexendo sempre, até perfumar, 1 a 2 minutos. Junte o espinafre e cozinhe até murchar, 2 a 3 minutos; deixou de lado.

d) Para a carne: Em uma tigela pequena, misture o açúcar mascavo, molho de soja, gengibre, óleo de gergelim e sriracha, se estiver usando.
e) Aqueça o azeite em uma frigideira grande em fogo médio-alto. Adicione o alho e cozinhe, mexendo sempre, até perfumar, cerca de 1 minuto. Adicione a carne moída e cozinhe até dourar, 3 a 5 minutos, certificando-se de esfarelar a carne enquanto cozinha; drenar o excesso de gordura. Misture a mistura de molho de soja e as cebolas verdes até ficarem bem combinadas e, em seguida, cozinhe até aquecer, cerca de 2 minutos.
f) Coloque a mistura de arroz, ovos, espinafre e carne moída em recipientes de preparação de refeições e decore com cebolinha e sementes de gergelim, se desejar. Vai manter coberto na geladeira 3 a 4 dias.
g) Reaqueça no microondas em intervalos de 30 segundos até aquecer completamente.

57. Sopa de frango e ramen em frasco de pedreiro

INGREDIENTES
- 2 pacotes (5,6 onças) de macarrão yakisoba refrigerado
- 2 ½ colheres de sopa de concentrado de base de caldo de vegetais com baixo teor de sódio (nós gostamos de Better Than Bouillon)
- 1 ½ colheres de sopa de molho de soja com baixo teor de sódio
- 1 colher de sopa de vinagre de arroz
- 1 colher de sopa de gengibre fresco ralado
- 2 colheres de chá de sambal oelek (pasta de pimenta fresca moída) ou mais a gosto
- 2 colheres de chá de óleo de gergelim
- 2 xícaras de sobras de frango assado desfiado
- 3 xícaras de espinafre baby
- 2 cenouras, descascadas e raladas
- 1 xícara de cogumelos shiitake fatiados
- ½ xícara de folhas de coentro fresco
- 2 cebolinhas verdes, em fatias finas
- 1 colher de chá de sementes de gergelim

INSTRUÇÕES
a) Em uma panela grande com água fervente, cozinhe o yakisoba até soltar, 1 a 2 minutos; seque bem.
b) Em uma tigela pequena, misture a base do caldo, o molho de soja, o vinagre, o gengibre, o sambal oelek e o óleo de gergelim.
c) Divida a mistura de caldo em 4 frascos de vidro de boca larga com tampas ou outros recipientes à prova de calor. Cubra com yakisoba, frango, espinafre, cenoura, cogumelos, coentro, cebolinha e sementes de gergelim. Cubra e leve à geladeira por até 4 dias.

d) Para servir, destampe um frasco e adicione água quente suficiente para cobrir o conteúdo, cerca de 1 $\frac{1}{4}$ xícara. Leve ao micro-ondas, descoberto, até aquecer, 2 a 3 minutos. Deixe repousar 5 minutos, mexa para combinar e sirva imediatamente.

58. Pote de pedreiro à bolonhesa

INGREDIENTES
- 2 colheres de azeite
- 1 quilo de carne moída
- 1 libra de salsicha italiana, tripas removidas
- 1 cebola, picadinha
- 4 dentes de alho, picados
- 3 (14,5 onças) latas de tomate em cubos, escorridos
- 2 (15 onças) latas de molho de tomate
- 3 folhas de louro
- 1 colher de chá de orégano seco
- 1 colher de chá de manjericão seco
- ½ colher de chá de tomilho seco
- 1 colher de chá de sal kosher
- ½ colher de chá de pimenta preta moída na hora
- 2 pacotes (16 onças) de queijo mussarela com baixo teor de gordura, em cubos
- 32 onças de fusilli de trigo integral cru, cozido de acordo com as instruções da embalagem; cerca de 16 xícaras cozidas

INSTRUÇÕES

a) Aqueça o azeite em uma frigideira grande em fogo médio-alto. Adicione a carne moída, a linguiça, a cebola e o alho. Cozinhe até dourar, 5 a 7 minutos, certificando-se de esfarelar a carne e a linguiça enquanto cozinha; drenar o excesso de gordura.

b) Transfira a mistura de carne moída para um fogão lento de 6 litros. Junte os tomates, o molho de tomate, as folhas de louro, o orégano, o manjericão, o tomilho, o sal e a pimenta. Tampe e cozinhe em fogo baixo por 7 horas e 45 minutos. Retire a tampa e gire o fogão lento para alto. Continue cozinhando por 15 minutos, até o molho engrossar. Descarte as folhas de louro e deixe o molho esfriar completamente.

c) Divida o molho em 16 frascos de vidro de boca larga com tampas ou outros recipientes à prova de calor. Cubra com mussarela e fusilli. Leve à geladeira por até 4 dias.

d) Para servir, leve ao micro-ondas, descoberto, até aquecer, cerca de 2 minutos. Mexa para combinar.

59. Lasanha de pote

INGREDIENTES
- 3 massas de lasanha
- 1 colher de azeite
- ½ libra de lombo moído
- 1 cebola, em cubos
- 2 dentes de alho, picados
- 3 colheres de pasta de tomate
- 1 colher de chá de tempero italiano
- 2 (14,5 onças) latas de tomate em cubos
- 1 abobrinha média, ralada
- 1 cenoura grande, ralada
- 2 xícaras de espinafre baby ralado
- Sal Kosher e pimenta preta moída na hora, a gosto
- 1 xícara de queijo ricota parcialmente desnatado
- 1 xícara de queijo mussarela ralado, dividido
- 2 colheres de sopa de folhas de manjericão fresco picadas

INSTRUÇÕES
a) Em uma panela grande com água fervente com sal, cozinhe o macarrão conforme as instruções da embalagem; seque bem. Corte cada macarrão em 4 pedaços; deixou de lado.

b) Aqueça o azeite em uma frigideira grande ou forno holandês em fogo médio-alto. Adicione o lombo moído e a cebola e cozinhe até dourar, 3 a 5 minutos, certificando-se de esfarelar a carne enquanto cozinha; drenar o excesso de gordura.

c) Junte o alho, a pasta de tomate e o tempero italiano e cozinhe até perfumar, de 1 a 2 minutos. Junte os tomates, reduza o fogo e cozinhe até engrossar ligeiramente, de 5 a 6 minutos. Junte a abobrinha, a cenoura e o espinafre e cozinhe, mexendo sempre, até ficar macio, de 2 a 3 minutos. Tempere com sal e pimenta a gosto. Coloque o molho de lado.

d) Em uma tigela pequena, misture a ricota, ½ xícara de mussarela e o manjericão; Tempere com sal e pimenta a gosto
e) Pré-aqueça o forno a 375 graus F. Unte levemente 4 frascos de vidro de boca larga com tampas ou outros recipientes que possam ir ao forno, ou cubra com spray antiaderente.
f) Coloque 1 pedaço de massa em cada pote. Divida um terço do molho nos frascos. Repita com uma segunda camada de macarrão e molho. Cubra com a mistura de ricota, massa restante e molho restante. Polvilhe com ½ xícara de queijo mussarela restante.
g) Coloque os potes em uma assadeira. Coloque no forno e asse até borbulhar, 25 a 30 minutos; esfriar completamente. Leve à geladeira por até 4 dias.

60. Sopa de desintoxicação de gengibre e missô

INGREDIENTES
- 2 colheres de chá de óleo de gergelim torrado
- 2 colheres de chá de óleo de canola
- 3 dentes de alho, picados
- 1 colher de sopa de gengibre fresco ralado
- 6 xícaras de caldo de legumes
- 1 folha de kombu, cortada em pedaços pequenos
- 4 colheres de chá de pasta de missô branca
- 1 pacote de cogumelos shiitake, fatiados (cerca de 2 xícaras)
- 8 onças de tofu firme, em cubos
- 5 baby bok choy, picado
- $\frac{1}{4}$ xícara de cebolinha verde fatiada

INSTRUÇÕES
a) Aqueça o óleo de gergelim e o óleo de canola em uma panela grande ou forno holandês em fogo médio. Adicione o alho e o gengibre e cozinhe, mexendo sempre, até perfumar, 1 a 2 minutos. Junte o caldo, o kombu e a pasta de missô e deixe ferver. Cubra, reduza o fogo e cozinhe por 10 minutos. Junte os cogumelos e cozinhe até ficarem macios, cerca de 5 minutos.

b) Misture o tofu e o bok choy e cozinhe até que o tofu esteja aquecido e o bok choy esteja macio, cerca de 2 minutos. Junte a cebolinha verde. Sirva imediatamente.

c) Ou, para preparar com antecedência, deixe o caldo esfriar completamente no final da etapa 1. Em seguida, misture o tofu, a couve chinesa e a cebolinha. Divida em recipientes herméticos, cubra e leve à geladeira por até 3 dias. Para reaquecer, coloque no micro-ondas em intervalos de 30 segundos até aquecer.

61. Batata doce recheada

RENDIMENTO: 4 PORÇÕES
INGREDIENTES
- 4 batatas doces médias

INSTRUÇÕES
a) Pré-aqueça o forno a 400 graus F. Forre uma assadeira com papel manteiga ou papel alumínio.
b) Coloque as batatas-doces em uma única camada na assadeira preparada. Asse até ficar macio, cerca de 1 hora e 10 minutos.
c) Deixe descansar até esfriar o suficiente para manusear.

62. Batatas recheadas com frango coreano-americano

INGREDIENTES
- ½ xícara de vinagre de arroz temperado
- 1 colher de açúcar
- Sal Kosher e pimenta preta moída na hora, a gosto
- 1 xícara de cenoura em palito
- 1 chalota grande, fatiada
- ¼ colher de chá de flocos de pimenta vermelha esmagados
- 2 colheres de chá de óleo de gergelim
- 1 pacote (10 onças) de espinafre fresco
- 2 dentes de alho, picados
- 4 batatas-doces assadas (aqui)
- 2 xícaras de frango picante coreano-americano com gergelim (aqui)

INSTRUÇÕES
a) Em uma panela pequena, misture o vinagre, o açúcar, 1 colher de chá de sal e ¼ xícara de água. Leve para ferver em fogo médio. Junte as cenouras, a chalota e os flocos de pimenta vermelha. Retire do fogo e deixe repousar 30 minutos.

b) Aqueça o óleo de gergelim em uma frigideira grande em fogo médio. Junte o espinafre e o alho e cozinhe até o espinafre murchar, 2 a 4 minutos. Tempere com sal e pimenta a gosto.

c) Corte as batatas ao meio no sentido do comprimento e tempere com sal e pimenta. Cubra com a mistura de frango, cenoura e espinafre.

d) Divida as batatas-doces em recipientes de preparação de refeições. Refrigere por até 3 dias. Reaqueça no microondas em intervalos de 30 segundos até aquecer completamente.

63. Batatas recheadas com couve e pimentão vermelho

INGREDIENTES
- 1 colher de azeite
- 2 dentes de alho, picados
- 1 cebola doce, em cubos
- 1 colher de chá de páprica defumada
- 1 pimentão vermelho, em fatias finas
- 1 maço de couve crespa, hastes removidas e folhas picadas
- Sal Kosher e pimenta preta moída na hora, a gosto
- 4 batatas doces assadas
- ½ xícara de queijo feta com baixo teor de gordura esfarelado

INSTRUÇÕES
a) Aqueça o azeite em uma frigideira grande em fogo médio. Adicione o alho e a cebola e cozinhe, mexendo sempre, até a cebola ficar translúcida, 2 a 3 minutos. Misture a páprica e cozinhe até perfumar, cerca de 30 segundos.
b) Misture o pimentão e cozinhe até ficar crocante, cerca de 2 minutos. Junte a couve, um punhado de cada vez, e cozinhe até ficar verde brilhante e apenas murcha, 3 a 4 minutos.
c) Corte as batatas ao meio e tempere com sal e pimenta. Cubra com a mistura de couve e queijo feta.
d) Divida as batatas-doces em recipientes de preparação de refeições.

64. Batatas recheadas de frango com mostarda

INGREDIENTES
- 1 colher de azeite
- 2 xícaras de feijão verde fresco cortado
- 1 ½ xícaras de cogumelos cremini cortados em quatro
- 1 chalota, picada
- 1 dente de alho, picado
- 2 colheres de sopa de folhas de salsa frescas picadas
- Sal Kosher e pimenta preta moída na hora, a gosto
- 4 batatas-doces assadas (aqui)
- 2 xícaras de frango com mostarda e mel (aqui)

INSTRUÇÕES
a) Aqueça o azeite em uma frigideira grande em fogo médio. Adicione o feijão verde, os cogumelos e a chalota e cozinhe, mexendo sempre, até que o feijão verde fique macio, 5 a 6 minutos. Misture o alho e a salsa e cozinhe até perfumar, cerca de 1 minuto. Tempere com sal e pimenta a gosto.

b) Corte as batatas ao meio no sentido do comprimento e tempere com sal e pimenta. Cubra com a mistura de feijão verde e frango.

c) Divida as batatas-doces em recipientes de preparação de refeições. Refrigere por até 3 dias. Reaqueça no microondas em intervalos de 30 segundos até aquecer completamente.

65. Batata Recheada de Feijão Preto e Pico de Gallo

INGREDIENTES
Feijões pretos
- 1 colher de azeite
- ½ cebola doce, em cubos
- 1 dente de alho, picado
- 1 colher de chá de pimenta em pó
- ½ colher de chá de cominho moído
- 1 lata (15,5 onças) de feijão preto, lavado e escorrido
- 1 colher de chá de vinagre de maçã
- Sal Kosher e pimenta preta moída na hora, a gosto

Pico de Gallo
- 2 tomates ameixa, em cubos
- ½ cebola doce, em cubos
- 1 jalapeño, sem sementes e picado
- 3 colheres de sopa de folhas frescas de coentro picadas
- 1 colher de sopa de suco de limão espremido na hora
- Sal Kosher e pimenta preta moída na hora, a gosto
- 4 batatas-doces assadas (aqui)
- 1 abacate, cortado ao meio, sem caroço, descascado e picado
- ¼ xícara de creme de leite light

INSTRUÇÕES
a) PARA O FEIJÃO: Aqueça o azeite em uma panela média em fogo médio. Adicione a cebola e cozinhe, mexendo sempre, até ficar translúcida, 2 a 3 minutos. Misture o alho, pimenta

em pó e cominho e cozinhe até perfumado, cerca de 1 minuto.

b) Junte o feijão e ⅔ xícara de água. Deixe ferver, reduza o fogo e cozinhe até reduzir, 10 a 15 minutos. Usando um espremedor de batatas, amasse o feijão até obter a consistência lisa e desejada. Junte o vinagre e tempere com sal e pimenta a gosto.

c) PARA O PICO DE GALO: Misture os tomates, a cebola, o jalapeño, o coentro e o suco de limão em uma tigela média. Tempere com sal e pimenta a gosto.

d) Corte as batatas ao meio no sentido do comprimento e tempere com sal e pimenta. Cubra com a mistura de feijão preto e pico de gallo.

e) Divida as batatas-doces em recipientes de preparação de refeições. Refrigere por até 3 dias. Reaqueça no microondas em intervalos de 30 segundos até aquecer completamente.

66. Macarrão de abobrinha com almôndegas de peru

INGREDIENTES
- 1 libra de peru moído
- ⅓ xícara de panko
- 3 colheres de sopa de parmesão fresco ralado
- 2 gemas grandes
- ¾ colher de chá de orégano seco
- ¾ colher de chá de manjericão seco
- ½ colher de chá de salsa seca
- ¼ colher de chá de alho em pó
- ¼ colher de chá de flocos de pimenta vermelha esmagados
- Sal Kosher e pimenta preta moída na hora, a gosto
- 2 libras (3 médias) abobrinha, espiralizada
- 2 colheres de chá de sal kosher
- 2 xícaras de molho marinara (caseiro ou comprado em loja)
- ¼ xícara de queijo parmesão ralado na hora

INSTRUÇÕES
a) Pré-aqueça o forno a 400 graus F. Unte levemente uma assadeira de 9 x 13 polegadas ou cubra com spray antiaderente.
b) Em uma tigela grande, misture o peru moído, panko, parmesão, gema de ovo, orégano, manjericão, salsa, alho em pó e flocos de pimenta vermelha; Tempere com sal e pimenta. Usando uma colher de pau ou mãos limpas, misture até ficar bem combinado. Enrole a mistura em 16 a 20 almôndegas, cada uma com 1 a 1 ½ polegadas de diâmetro.
c) Coloque as almôndegas na assadeira preparada e leve ao forno por 15 a 18 minutos, até dourar e cozinhar; deixou de lado.

d) Coloque a abobrinha em uma peneira sobre a pia. Adicione o sal e misture delicadamente para combinar; deixe descansar por 10 minutos. Em uma panela grande com água fervente, cozinhe a abobrinha por 30 segundos a 1 minuto; seque bem.

e) Divida a abobrinha em recipientes de preparação de refeições. Cubra com almôndegas, molho marinara e parmesão. Vai manter coberto na geladeira 3 a 4 dias. Reaqueça no microondas, descoberto, em intervalos de 30 segundos até aquecer.

67. Almôndegas fáceis

Rende cerca de 18 almôndegas

INGREDIENTES

- 20 onças. (600g) peito de peru moído extra magro
- ½ xícara (40g) de farinha de aveia
- 1 ovo
- 2 xícaras (80g) de espinafre picado (opcional)
- 1 colheres de chá de alho em pó
- ¾ colheres de chá de sal
- ½ colheres de chá de pimenta

INSTRUÇÕES

a) Pré-aqueça o forno a 350F (180C).
b) Misture todos os ingredientes em uma tigela.
c) Enrole a carne em almôndegas do tamanho de uma bola de golfe e transfira para uma assadeira de 9x13" (30x20cm).
d) Asse por 15 minutos.

68. Sopa de 3 Ingredientes

Rende 8 porções
INGREDIENTES
- 2 15 onças. (425g cada) latas de feijão (eu uso uma lata de feijão preto e uma lata de feijão branco), escorrido/lavado
- 1 15 onças. (425g) lata de tomate em cubos
- 1 xícara (235mL) de caldo de frango/legumes sal e pimenta a gosto

INSTRUÇÕES
a) Misture todos os ingredientes em uma panela em fogo médio-alto. Leve para ferver.
b) Assim que ferver, tampe e abaixe o fogo por 25 minutos.
c) Use seu liquidificador de imersão (ou transfira para um liquidificador/processador normal em lotes) para fazer o purê da sopa na consistência desejada.
d) Sirva quente com iogurte grego como substituto do creme de leite, queijo cheddar com baixo teor de gordura e cebolinha!
e) Dura até 5 dias na geladeira.

69. Salsa Turquia de Fogão Lento

Rende 6 porções
INGREDIENTES
- 20 onças. (600g) peito de peru moído extra magro
- 1 15,5 onças. jarra (440g) de salsa
- sal e pimenta a gosto (opcional)

INSTRUÇÕES
a) Adicione seu peru moído e salsa ao seu fogão lento.
b) Abaixe o fogo. Deixe cozinhar por 6-8 horas, lento e baixo. Mexa uma ou duas vezes durante o tempo de cozedura. (Cozinhe em fogo alto por 4 horas se você estiver com pressa).
c) Sirva com salsa fria adicional, iogurte grego como substituto de creme de leite, queijo ou cebolinha!
d) Dura 5 dias na geladeira ou 3-4 meses no freezer.

70. Burrito-Bowl-In-A-Jar

Rende 1 Frasco

INGREDIENTES

- 2 colheres de salsa
- ¼ xícara (40g) de feijão/salsa de feijão ⅓ xícara (60g) de arroz cozido/quinoa
- 3 onças. (85g) peru moído extra magro cozido, frango ou proteína de escolha
- 2 colheres de sopa de queijo cheddar com baixo teor de gordura
- 1 ½ xícaras (60g) de alface/verdes
- 1 colher de sopa de iogurte grego ("creme de leite")
- ¼ abacate

INSTRUÇÕES

a) Coloque todos os ingredientes no pote.
b) Guarde para comer mais tarde.
c) Quando estiver pronto para comer, despeje o frasco em um prato ou tigela para misturar e devorar!
d) Dura 4-5 dias na geladeira.

ALMOÇO FRIO

71. Tigelas de preparação de refeição Carnitas

INGREDIENTES
- 2 ½ colheres de chá de pimenta em pó
- 1 ½ colheres de chá de cominho moído
- 1 ½ colheres de chá de orégano seco
- 1 colher de chá de sal kosher, ou mais a gosto
- ½ colher de chá de pimenta preta moída ou mais a gosto
- 1 (3 libras) lombo de porco, excesso de gordura aparado
- 4 dentes de alho, descascados
- 1 cebola, cortada em gomos
- Suco de 2 laranjas
- Suco de 2 limões
- 8 xícaras de couve ralada
- 4 tomates ameixa, picados
- 2 (15 onças) latas de feijão preto, escorrido e enxaguado
- 4 xícaras de grãos de milho (congelados, enlatados ou torrados)
- 2 abacates, cortados ao meio, sem caroço, descascados e picados
- 2 limões, cortados em gomos

INSTRUÇÕES
a) Em uma tigela pequena, misture o pó de pimenta, cominho, orégano, sal e pimenta. Tempere a carne de porco com a mistura de especiarias, esfregando bem em todos os lados.
b) Coloque a carne de porco, alho, cebola, suco de laranja e suco de limão em um fogão lento. Cubra e cozinhe em fogo baixo por 8 horas, ou em fogo alto por 4 a 5 horas.
c) Retire a carne de porco da panela e desfie a carne. Retorne para a panela e misture com os sucos; tempere com sal e pimenta, se necessário. Cubra e mantenha quente por mais 30 minutos.

d) Coloque a carne de porco, couve, tomate, feijão preto e milho em recipientes de preparação de refeições. Vai manter coberto na geladeira 3 a 4 dias. Sirva com fatias de abacate e limão.

72. Salada de cachorro-quente de Chicago

INGREDIENTES

- 2 colheres de azeite extra virgem
- 1 ½ colheres de sopa de mostarda amarela
- 1 colher de sopa de vinagre de vinho tinto
- 2 colheres de chá de sementes de papoila
- ½ colher de chá de sal de aipo
- Pitada de açúcar
- Sal Kosher e pimenta preta moída na hora, a gosto
- 1 xícara de quinua
- 4 cachorros-quentes de peru com baixo teor de gordura
- 3 xícaras de couve baby ralada
- 1 xícara de tomate cereja cortado ao meio
- ⅓ xícara de cebola branca em cubos
- ¼ xícara de pimentão esportivo
- 8 lanças de picles de endro

INSTRUÇÕES

a) PARA FAZER O VINAGRETE: Misture o azeite, a mostarda, o vinagre, as sementes de papoula, o sal de aipo e o açúcar em uma tigela média. Tempere com sal e pimenta a gosto. Cubra e leve à geladeira por 3 a 4 dias.

b) Cozinhe a quinoa conforme as instruções da embalagem em uma panela grande com 2 xícaras de água; deixou de lado.

c) Aqueça uma grelha para médio-alto. Adicione os cachorros-quentes à grelha e cozinhe até dourar e levemente carbonizado em todos os lados, 4 a 5 minutos. Deixe esfriar e corte em pedaços pequenos.

d) Divida a quinoa, cachorro-quente, tomate, cebola e pimentão em recipientes de preparação de refeições. Conserva-se refrigerado de 3 a 4 dias.

e) Para servir, despeje o molho sobre a salada e misture delicadamente. Sirva imediatamente, guarnecido com picles, se desejar.

73. Tacos de peixe

INGREDIENTES
Molho de coentro
- 1 xícara de coentro frouxamente embalado, hastes removidas
- ½ xícara de iogurte grego
- 2 dentes de alho,
- Suco de 1 lima
- pitada de sal kosher
- ¼ xícara de azeite extra virgem
- 2 colheres de vinagre de maçã

Tilápia
- 3 colheres de sopa de manteiga sem sal, derretida
- 3 dentes de alho, picados
- Raspas de 1 limão
- 2 colheres de sopa de suco de limão espremido na hora, ou mais a gosto
- 4 (4 onças) filés de tilápia
- Sal Kosher e pimenta preta moída na hora, a gosto
- ⅔ xícara de quinoa
- 2 xícaras de couve ralada
- 1 xícara de repolho roxo picado
- 1 xícara de grãos de milho (enlatados ou torrados)
- 2 tomates ameixa, em cubos
- ¼ xícara de chips de tortilha triturados
- 2 colheres de sopa de folhas de coentro frescas picadas

INSTRUÇÕES
a) PARA O MOLHO: Misture o coentro, iogurte, alho, suco de limão e sal na tigela de um processador de alimentos. Com o motor ligado, adicione o azeite e o vinagre em fio lento até emulsionar. Cubra e leve à geladeira por 3 a 4 dias.

b) PARA A TILÁPIA: Pré-aqueça o forno a 425 graus F. Unte levemente uma assadeira de 9 x 13 polegadas ou cubra com spray antiaderente.
c) Em uma tigela pequena, misture a manteiga, o alho, as raspas de limão e o suco de limão. Tempere a tilápia com sal e pimenta e coloque na assadeira preparada. Regue com a mistura de manteiga.
d) Asse até que o peixe se desfaça facilmente com um garfo, 10 a 12 minutos.
e) Cozinhe a quinoa de acordo com as instruções da embalagem em uma panela grande com 2 xícaras de água. Deixe esfriar.
f) Divida a quinoa em recipientes de preparação de refeições. Cubra com tilápia, couve, repolho, milho, tomate e tortilla chips.
g) Para servir, regue com molho de coentro e limão, guarnecido com coentro, se desejar.

74. Colheita de salada de cobb

INGREDIENTES

Molho de semente de papoula
- ¼ xícara de leite 2%
- 3 colheres de sopa de maionese de azeite
- 2 colheres de iogurte grego
- 1 ½ colheres de sopa de açúcar, ou mais a gosto
- 1 colher de sopa de vinagre de maçã
- 1 colher de sopa de sementes de papoila
- 2 colheres de azeite

Salada
- 16 onças de abóbora, cortada em pedaços de 1 polegada
- 16 onças de couves de Bruxelas, cortadas ao meio
- 2 ramos de tomilho fresco
- 5 folhas frescas de sálvia
- Sal Kosher e pimenta preta moída na hora, a gosto
- 4 ovos médios
- 4 fatias de bacon, em cubos
- 8 xícaras de couve ralada
- 1 ⅓ xícaras de arroz selvagem cozido

INSTRUÇÕES

a) PARA O MOLHO: Misture o leite, maionese, iogurte, açúcar, vinagre e sementes de papoula em uma tigela pequena. Cubra e leve à geladeira por até 3 dias.

b) Pré-aqueça o forno a 400 graus F. Unte levemente uma assadeira ou cubra com spray antiaderente.

c) Coloque a abóbora e as couves de Bruxelas na assadeira preparada. Adicione o azeite, tomilho e sálvia e misture delicadamente para combinar; Tempere com sal e pimenta. Disponha em uma camada uniforme e leve ao forno, virando uma vez, por 25 a 30 minutos, até ficar macio; deixou de lado.

d) Enquanto isso, coloque os ovos em uma panela grande e cubra com água fria por 1 polegada. Leve ao fogo e cozinhe por 1 minuto. Cubra a panela com uma tampa apertada e retire do fogo; deixe descansar por 8 a 10 minutos. Escorra bem e deixe esfriar antes de descascar e cortar.
e) Aqueça uma frigideira grande em fogo médio-alto. Adicione o bacon e cozinhe até dourar e ficar crocante, 6 a 8 minutos; drenar o excesso de gordura. Transfira para um prato forrado com papel toalha; deixou de lado.
f) Para montar as saladas, coloque a couve em recipientes de preparação de refeições; arrume fileiras de abóbora, couve de Bruxelas, bacon, ovo e arroz selvagem por cima. Vai manter coberto na geladeira 3 a 4 dias. Sirva com o molho de sementes de papoila.

75. Salada de couve-flor de búfala

INGREDIENTES
- 3-4 xícaras de floretes de couve-flor
- 1 15 onças. pode grão de bico, escorrido, enxaguado e seco
- 2 colheres de chá de óleo de abacate
- ½ colher de chá de pimenta
- ½ colher de chá de sal marinho
- ½ xícara de molho de asa de búfala
- 4 xícaras de alface romana fresca, picada
- ½ xícara de aipo, picado
- ¼ xícara de cebola roxa, fatiada
- Molho Rancho Vegano Cremoso:
- ½ xícara de castanha de caju crua, demolhada 3-4 horas ou durante a noite
- ½ xícara de água fresca
- 2 colheres de chá de endro seco
- 1 colher de chá de alho em pó
- 1 colher de chá de cebola em pó
- ½ colher de chá de sal marinho
- pitada de pimenta preta

INSTRUÇÕES
a) Defina o forno para 450 ° F.
b) Adicione a couve-flor, o grão de bico, o óleo, a pimenta e o sal em uma tigela grande e misture.
c) Despeje a mistura em uma assadeira ou pedra. Asse por 20 minutos. Retire a assadeira do forno, despeje o molho de búfala sobre a mistura e misture. Asse por mais 10-15 minutos ou até que o grão de bico esteja crocante e a couve-flor esteja assada ao seu gosto. Retire do forno.
d) Adicione as castanhas de caju embebidas e escorridas em um liquidificador de alta potência ou processador de

alimentos com 1/2 xícara de água, endro, alho em pó, cebola em pó, sal e pimenta. Misture até ficar homogêneo.
e) Pegue duas tigelas de salada e adicione 2 xícaras de alface romana picada, 1/4 xícara de aipo e 1/8 xícara de cebola em cada tigela. Cubra com couve-flor de búfala assada e grão de bico. Regue no molho e divirta-se!

76. Tigelas de grãos de beterraba e couve de Bruxelas

INGREDIENTES
- 3 beterrabas médias (cerca de 1 libra)
- 1 colher de azeite
- Sal Kosher e pimenta preta moída na hora, a gosto
- 1 xícara de farofa
- 4 xícaras de espinafre ou couve
- 2 xícaras de couve de Bruxelas (cerca de 8 onças), em fatias finas
- 3 clementinas, descascadas e segmentadas
- ½ xícara de nozes pecan, torradas
- ½ xícara de sementes de romã

Vinagrete de vinho tinto Honey-Dijon
- ¼ xícara de azeite extra virgem
- 2 colheres de vinagre de vinho tinto
- ½ chalota, picada
- 1 colher de mel
- 2 colheres de chá de mostarda integral
- Sal Kosher e pimenta preta moída na hora, a gosto

INSTRUÇÕES
a) Pré-aqueça o forno a 400 graus F. Forre uma assadeira com papel alumínio.
b) Coloque as beterrabas no papel alumínio, regue com azeite e tempere com sal e pimenta. Dobre os 4 lados do papel alumínio para fazer uma bolsa. Asse até ficar macio, 35 a 45 minutos; deixe esfriar, cerca de 30 minutos.
c) Usando uma toalha de papel limpa, esfregue as beterrabas para remover as peles; pique em pedaços pequenos.
d) Cozinhe o farro de acordo com as instruções da embalagem e deixe esfriar.
e) Divida as beterrabas em 4 frascos de vidro de boca larga com tampas. Cubra com espinafre ou couve, farro, couve de

Bruxelas, clementinas, nozes e sementes de romã. Vai manter coberto na geladeira 3 ou 4 dias.

f) PARA O VINAGRETE: Misture o azeite, o vinagre, a chalota, o mel, a mostarda e 1 colher de sopa de água; Tempere com sal e pimenta a gosto. Cubra e leve à geladeira por até 3 dias.

g) Para servir, adicione o vinagrete em cada frasco e agite. Sirva imediatamente.

77. Salada de brócolis de pote de pedreiro

INGREDIENTES
- 3 colheres de sopa de leite 2%
- 2 colheres de sopa de maionese de azeite
- 2 colheres de iogurte grego
- 1 colher de sopa de açúcar, ou mais a gosto
- 2 colheres de chá de vinagre de maçã
- ½ xícara de castanha de caju
- ¼ xícara de cranberries secas
- ½ xícara de cebola roxa picada
- 2 onças de queijo cheddar, em cubos
- 5 xícaras de floretes de brócolis picados grosseiramente

INSTRUÇÕES
a) PARA O MOLHO: Misture o leite, maionese, iogurte, açúcar e vinagre em uma tigela pequena.
b) Divida o molho em 4 frascos de vidro de boca larga com tampas. Cubra com castanha de caju, cranberries, cebola, queijo e brócolis. Refrigere por até 3 dias.
c) Para servir, agite o conteúdo de uma jarra e sirva imediatamente.

78. Salada de frango com pote de pedreiro

INGREDIENTES
- 2 ½ xícaras de sobras de frango assado desfiado
- ½ xícara de iogurte grego
- 2 colheres de sopa de maionese de azeite
- ¼ xícara de cebola roxa em cubos
- 1 talo de aipo, em cubos
- 1 colher de sopa de suco de limão espremido na hora, ou mais a gosto
- 1 colher de chá de estragão fresco picado
- ½ colher de chá de mostarda Dijon
- ½ colher de chá de alho em pó
- Sal Kosher e pimenta preta moída na hora, a gosto
- 4 xícaras de couve ralada
- 2 maçãs Granny Smith, sem caroço e picadas
- ½ xícara de castanha de caju
- ½ xícara de cranberries secas

INSTRUÇÕES
a) Em uma tigela grande, misture o frango, iogurte, maionese, cebola roxa, aipo, suco de limão, estragão, mostarda e alho em pó; Tempere com sal e pimenta a gosto.
b) Divida a mistura de frango em 4 frascos de vidro de boca larga com tampas. Cubra com couve, maçã, castanha de caju e cranberries. Refrigere por até 3 dias.
c) Para servir, agite o conteúdo de uma jarra e sirva imediatamente.

79. Salada de frango chinês de frasco de pedreiro

INGREDIENTES
- ½ xícara de vinagre de arroz
- 2 dentes de alho, prensados
- 1 colher de óleo de gergelim
- 1 colher de sopa de gengibre fresco ralado
- 2 colheres de chá de açúcar, ou mais a gosto
- ½ colher de chá de molho de soja com baixo teor de sódio
- 2 cebolinhas verdes, em fatias finas
- 1 colher de chá de sementes de gergelim
- 2 cenouras, descascadas e raladas
- 2 xícaras de pepino inglês em cubos
- 2 xícaras de repolho roxo picado
- 12 xícaras de couve picada
- 1 ½ xícaras de sobras de frango assado em cubos
- 1 xícara de tiras de wonton

INSTRUÇÕES
a) PARA O VINAGRETE: Misture o vinagre, alho, óleo de gergelim, gengibre, açúcar e molho de soja em uma tigela pequena. Divida o molho em 4 frascos de vidro de boca larga com tampas.

b) Cubra com cebolinha, sementes de gergelim, cenoura, pepino, repolho, couve e frango. Refrigere por até 3 dias. Armazene as tiras de wonton separadamente.

c) Para servir, agite o conteúdo de uma jarra e adicione as tiras de wonton. Sirva imediatamente.

80. Salada niçoise de pote de pedreiro

INGREDIENTES
- 2 ovos médios
- 2 ½ xícaras de feijão verde cortado ao meio
- 3 (7 onças) latas de atum voador embaladas em água, escorridas e enxaguadas
- ¼ xícara de azeite extra virgem
- 2 colheres de vinagre de vinho tinto
- 2 colheres de sopa de cebola roxa em cubos
- 2 colheres de sopa de folhas de salsa frescas picadas
- 1 colher de sopa de folhas frescas de estragão picadas
- 1 ½ colher de chá de mostarda Dijon
- Sal Kosher e pimenta preta moída na hora, a gosto
- 1 xícara de tomate cereja cortado ao meio
- 4 xícaras de alface manteiga rasgada
- 3 xícaras de folhas de rúcula
- 12 azeitonas Kalamata
- 1 limão cortado em gomos (opcional)

INSTRUÇÕES

a) Coloque os ovos em uma panela grande e cubra com água fria por 1 polegada. Leve ao fogo e cozinhe por 1 minuto. Cubra a panela com uma tampa apertada e retire do fogo; deixe descansar por 8 a 10 minutos.

b) Enquanto isso, em uma panela grande de água fervente com sal, escalde o feijão verde até ficar verde brilhante, cerca de 2 minutos. Escorra e esfrie em uma tigela com água gelada. Seque bem. Escorra os ovos e deixe esfriar antes de descascar e cortar os ovos ao meio no sentido do comprimento.

c) Em uma tigela grande, misture o atum, azeite, vinagre, cebola, salsa, estragão e Dijon até combinar; Tempere com sal e pimenta a gosto.

d) Divida a mistura de atum em 4 frascos de vidro de boca larga com tampas. Cubra com feijão verde, ovos, tomate, alface manteiga, rúcula e azeitonas. Refrigere por até 3 dias.
e) Para servir, agite o conteúdo de uma jarra. Sirva imediatamente, com fatias de limão, se desejar.

81. Tigelas de atum picante

INGREDIENTES
- 1 xícara de arroz integral de grãos longos
- 3 colheres de sopa de maionese de azeite
- 3 colheres de sopa de iogurte grego
- 1 colher de sopa de molho sriracha, ou mais a gosto
- 1 colher de sopa de suco de limão
- 2 colheres de chá de molho de soja com baixo teor de sódio
- 2 (5 onças) latas de atum voador, escorrido e enxaguado
- Sal Kosher e pimenta preta moída na hora, a gosto
- 2 xícaras de couve ralada
- 1 colher de sopa de sementes de gergelim torradas
- 2 colheres de chá de óleo de gergelim torrado
- 1 ½ xícaras de pepino inglês em cubos
- ½ xícara de gengibre em conserva
- 3 cebolinhas verdes, em fatias finas
- ½ xícara de nori torrado desfiado

INSTRUÇÕES
a) Cozinhe o arroz de acordo com as instruções da embalagem em 2 xícaras de água em uma panela média; deixou de lado.
b) Em uma tigela pequena, misture a maionese, iogurte, sriracha, suco de limão e molho de soja. Coloque 2 colheres de sopa da mistura de maionese em uma segunda tigela, cubra e leve à geladeira. Mexa o atum na mistura de maionese restante e misture delicadamente para combinar; Tempere com sal e pimenta a gosto.
c) Em uma tigela média, misture a couve, as sementes de gergelim e o óleo de gergelim; Tempere com sal e pimenta a gosto.

d) Divida o arroz em recipientes de preparação de refeições. Cubra com a mistura de atum, mistura de couve, pepino, gengibre, cebolinha e nori. Refrigere por até 3 dias.
e) Para servir, regue com a mistura de maionese.

82. Salada de bife

Vinagre Balsâmico
- 3 colheres de sopa de azeite extra virgem
- 4 ½ colheres de chá de vinagre balsâmico
- 1 dente de alho, prensado
- 1 ½ colheres de chá de salsa seca
- ¼ colher de chá de manjericão seco
- ¼ colher de chá de orégano seco

Salada
- 4 ovos médios
- 1 colher de manteiga sem sal
- bife de 12 onças
- 2 colheres de chá de azeite
- Sal Kosher e pimenta preta moída na hora, a gosto
- 8 xícaras de espinafre baby
- 2 xícaras de tomates cereja, cortados ao meio
- ½ xícara de metades de noz-pecã
- ½ xícara de queijo feta com baixo teor de gordura esfarelado

INSTRUÇÕES
a) PARA O VINAGRETE BALSÂMICO: Misture o azeite, o vinagre balsâmico, o açúcar, o alho, a salsa, o manjericão, o orégano e a mostarda (se estiver usando) em uma tigela média. Cubra e leve à geladeira por até 3 dias.

b) Coloque os ovos em uma panela grande e cubra com água fria por 1 polegada. Leve ao fogo e cozinhe por 1 minuto. Cubra a panela com uma tampa apertada e retire do fogo; deixe descansar por 8 a 10 minutos. Escorra bem e deixe esfriar antes de descascar e cortar.

c) Derreta a manteiga em uma frigideira grande em fogo médio-alto. Usando toalhas de papel, seque os dois lados do bife. Regue com o azeite e tempere com sal e pimenta. Adicione o bife à frigideira e cozinhe, virando uma vez, até ficar cozido no ponto desejado, 3 a 4 minutos de cada lado para mal passado. Deixe descansar 10 minutos antes de cortar em pedaços pequenos.

d) Para montar as saladas, coloque o espinafre em recipientes de preparação de refeições; topo com fileiras arranjadas de bife, ovos, tomates, nozes e queijo feta. Cubra e leve à geladeira por até 3 dias. Sirva com o vinagrete balsâmico ou o molho desejado.

83. Tigelas nutritivas de batata doce

INGREDIENTES

- 2 batatas doces médias, descascadas e cortadas em pedaços de 1 polegada
- 3 colheres de sopa de azeite extra-virgem, dividido
- ½ colher de chá de páprica defumada
- Sal Kosher e pimenta preta moída na hora, a gosto
- 1 xícara de farofa
- 1 maço de couve lacinato, ralada
- 1 colher de sopa de suco de limão espremido na hora
- 1 xícara de repolho roxo picado
- 1 xícara de tomate cereja cortado ao meio
- ¾ xícara de grão de bico crocante
- 2 abacates cortados ao meio, sem caroço e descascados

INSTRUÇÕES

a) Pré-aqueça o forno a 400 graus F. Forre uma assadeira com papel manteiga.
b) Coloque as batatas-doces na assadeira preparada. Adicione 1 ½ colheres de sopa de azeite e a páprica, tempere com sal e pimenta e misture delicadamente. Disponha em uma única camada e leve ao forno por 20 a 25 minutos, virando uma vez, até furar facilmente com um garfo.
c) Cozinhe o farro de acordo com as instruções da embalagem; deixou de lado.
d) Misture a couve, o suco de limão e as 1 ½ colheres de sopa restantes de azeite em uma tigela média. Massageie a couve até ficar bem combinada e tempere com sal e pimenta a gosto.
e) Divida o farro em recipientes de preparação de refeições. Cubra com batata-doce, repolho, tomate e garbanzos crocantes. Refrigere por até 3 dias. Sirva com o abacate.

84. Tigelas de Buda de frango tailandês

INGREDIENTES

Molho apimentado de amendoim

- 3 colheres de manteiga de amendoim cremosa
- 2 colheres de sopa de suco de limão espremido na hora
- 1 colher de sopa de molho de soja com baixo teor de sódio
- 2 colheres de chá de açúcar mascavo escuro
- 2 colheres de chá de sambal oelek (pasta de pimenta fresca moída)

Salada

- 1 xícara de farofa
- ¼ xícara de caldo de galinha
- 1 ½ colheres de sopa de sambal oelek (pasta de pimenta fresca moída)
- 1 colher de açúcar mascavo claro
- 1 colher de sopa de suco de limão espremido na hora
- 1 libra de peito de frango desossado e sem pele, cortado em pedaços de 1 polegada
- 1 colher de maizena
- 1 colher de sopa de molho de peixe
- 1 colher de azeite
- 2 dentes de alho, picados
- 1 chalota, picada
- 1 colher de sopa de gengibre fresco ralado
- Sal Kosher e pimenta preta moída na hora, a gosto
- 2 xícaras de couve ralada
- 1 ½ xícaras de repolho roxo picado
- 1 xícara de broto de feijão

- 2 cenouras, descascadas e raladas
- ½ xícara de folhas de coentro fresco
- ¼ xícara de amendoim torrado

INSTRUÇÕES

a) PARA O MOLHO DE AMENDOIM: Misture a manteiga de amendoim, suco de limão, molho de soja, açúcar mascavo, sambal oelek e 2 a 3 colheres de sopa de água em uma tigela pequena. Cubra e leve à geladeira por até 3 dias.

b) Cozinhe o farro de acordo com as instruções da embalagem; deixou de lado.

c) Enquanto o farro cozinha, em uma tigela pequena, misture o caldo, o sambal oelek, o açúcar mascavo e o suco de limão; deixou de lado.

d) Em uma tigela grande, misture o frango, o amido de milho e o molho de peixe, misture e deixe o frango absorver o amido de milho por alguns minutos.

e) Aqueça o azeite em uma frigideira grande em fogo médio. Adicione o frango e cozinhe até dourar, 3 a 5 minutos. Adicione o alho, a cebola e o gengibre e continue a cozinhar, mexendo sempre, até perfumar, cerca de 2 minutos. Junte a mistura de caldo e cozinhe até engrossar ligeiramente, cerca de 1 minuto. Tempere com sal e pimenta a gosto.

f) Divida o farro em recipientes de preparação de refeições. Cubra com frango, couve, repolho, broto de feijão, cenoura, coentro e amendoim. Vai manter coberto na geladeira 3 a 4 dias. Sirva com o molho de amendoim picante.

85. Wraps de frango com amendoim tailandês

INGREDIENTES
Molho de amendoim com curry de coco
- $\frac{1}{4}$ xícara de leite de coco light
- 3 colheres de manteiga de amendoim cremosa
- 1 $\frac{1}{2}$ colheres de sopa de vinagre de arroz temperado
- 1 colher de sopa de molho de soja com baixo teor de sódio
- 2 colheres de chá de açúcar mascavo escuro
- 1 colher de chá de molho de pimenta
- $\frac{1}{4}$ colher de chá de caril amarelo em pó

Enrolar
- 2 $\frac{1}{2}$ xícaras de sobras de frango assado em cubos
- 2 xícaras de repolho Napa picado
- 1 xícara de pimentão vermelho em fatias finas
- 2 cenouras descascadas e cortadas em palitos de fósforo
- 1 $\frac{1}{2}$ colheres de sopa de suco de limão espremido na hora
- 1 colher de sopa de maionese de azeite
- Sal Kosher e pimenta preta moída na hora, a gosto
- 3 onças de queijo creme com baixo teor de gordura, à temperatura ambiente
- 1 colher de chá de gengibre fresco ralado
- 4 (8 polegadas) wraps de tortilha de tomate seco ao sol

INSTRUÇÕES
a) PARA O MOLHO DE AMENDOIM E CARIL DE COCO: Misture o leite de coco, a manteiga de amendoim, o vinagre de arroz, o molho de soja, o açúcar mascavo, o molho de pimenta e o curry em uma tigela pequena. Separe 3 colheres de sopa para o frango; leve à geladeira o restante até estar pronto para servir.

b) Em uma tigela grande, misture o frango e as 3 colheres de sopa de molho de amendoim e misture até ficar coberto.

c) Em uma tigela média, misture o repolho, o pimentão, a cenoura, o suco de limão e a maionese; Tempere com sal e pimenta a gosto.
d) Em uma tigela pequena, misture o cream cheese e o gengibre; Tempere com sal e pimenta a gosto.
e) Espalhe a mistura de cream cheese uniformemente nas tortilhas, deixando uma borda de 1 polegada. Cubra com o frango e a mistura de repolho. Dobre os lados por cerca de 1 polegada e, em seguida, enrole firmemente a partir do fundo. Vai manter coberto na geladeira 3 a 4 dias. Sirva cada wrap com molho de amendoim e curry de coco.

86. Cata-ventos de espinafre da Turquia

INGREDIENTES
- 1 fatia de queijo cheddar
- 2 onças de peito de peru em fatias finas
- $\frac{1}{2}$ xícara de espinafre baby
- 1 (8 polegadas) tortilha de espinafre
- 6 cenouras baby
- $\frac{1}{4}$ xícara de uvas
- 5 fatias de pepino

INSTRUÇÕES
a) Coloque o queijo, o peru e o espinafre no centro da tortilha. Traga a borda inferior da tortilha firmemente sobre o espinafre e dobre as laterais. Enrole até chegar ao topo da tortilha. Corte em 6 cata-ventos.

b) Coloque cata-ventos, cenouras, uvas e fatias de pepino em um recipiente de preparação de refeições. Mantém-se coberto na geladeira por 2 a 3 dias.

87. Salada de taco de peru

INGREDIENTES
- 1 colher de azeite
- 1 ½ libras de peru moído
- 1 pacote de tempero de taco (1,25 onças)
- 8 xícaras de alface romana ralada
- ½ xícara de pico de gallo (caseiro ou comprado em loja)
- ½ xícara de iogurte grego
- ½ xícara de mistura de queijo mexicano ralado
- 1 lima, cortada em gomos

INSTRUÇÕES

a) Aqueça o azeite em uma frigideira grande em fogo médio-alto. Adicione o peru moído e cozinhe até dourar, 3 a 5 minutos, certificando-se de esfarelar a carne enquanto cozinha; misture o tempero do taco. Escorra o excesso de gordura.

b) Coloque a alface romana em sacos de sanduíche. Coloque o pico de gallo, iogurte e queijo em copos separados de 2 onças de gelatina com tampas. Coloque tudo – o peru, alface romana, pico de gallo, iogurte, queijo e fatias de limão – em recipientes de preparação de refeições.

88. Salada de pote de pedreiro muito verde

INGREDIENTES
- ¾ xícara de cevada perolada
- 1 xícara de folhas de manjericão fresco
- ¾ xícara de iogurte grego 2%
- 2 cebolinhas verdes, picadas
- 1 ½ colheres de sopa de suco de limão espremido na hora
- 1 dente de alho, descascado
- Sal Kosher e pimenta preta moída na hora, a gosto
- ½ pepino inglês, picado grosseiramente
- 1 libra (4 pequenas) abobrinhas, espiralizadas
- 4 xícaras de couve ralada
- 1 xícara de ervilhas verdes congeladas, descongeladas
- ½ xícara de queijo feta com baixo teor de gordura esfarelado
- ½ xícara de brotos de ervilha
- 1 lima cortada em gomos (opcional)

INSTRUÇÕES
a) Cozinhe a cevada de acordo com as instruções da embalagem; deixe esfriar completamente e reserve.
b) Para fazer o molho, misture o manjericão, iogurte, cebolinha, suco de limão e alho na tigela de um processador de alimentos e tempere com sal e pimenta. Pulse até ficar homogêneo, cerca de 30 segundos a 1 minuto.
c) Divida o molho em 4 frascos de vidro de boca larga com tampas. Cubra com pepino, macarrão de abobrinha, cevada, couve, ervilhas, queijo feta e brotos de ervilha. Refrigere por até 3 dias.
d) Para servir, agite o conteúdo em uma jarra. Sirva imediatamente, com fatias de limão, se desejar.

89. Tigelas de rolinho primavera de abobrinha

INGREDIENTES
- 3 colheres de manteiga de amendoim cremosa
- 2 colheres de sopa de suco de limão espremido na hora
- 1 colher de sopa de molho de soja com baixo teor de sódio
- 2 colheres de chá de açúcar mascavo escuro
- 2 colheres de chá de sambal oelek (pasta de pimenta fresca moída)
- 1 libra de camarão médio, descascado e limpo
- 4 abobrinhas médias, espiralizadas
- 2 cenouras grandes, descascadas e raladas
- 2 xícaras de repolho roxo picado
- ⅓ xícara de folhas frescas de coentro
- ⅓ xícara de folhas de manjericão
- ¼ xícara de folhas de hortelã
- ¼ xícara de amendoim torrado picado

INSTRUÇÕES
a) PARA O MOLHO DE AMENDOIM: Misture a manteiga de amendoim, suco de limão, molho de soja, açúcar mascavo, sambal oelek e 2 a 3 colheres de sopa de água em uma tigela pequena. Leve à geladeira por até 3 dias, até que esteja pronto para servir.

b) Em uma panela grande de água fervente com sal, cozinhe o camarão até ficar rosado, cerca de 3 minutos. Escorra e esfrie em uma tigela com água gelada. Seque bem.

c) Divida a abobrinha em recipientes de preparação de refeições. Cubra com camarão, cenoura, repolho, coentro, manjericão, hortelã e amendoim. Vai manter coberto na geladeira 3 a 4 dias. Sirva com o molho de amendoim picante.

SALADAS

90. Legumes Chili-Lime

PORÇÕES:2
TEMPO TOTAL PARA PREPARAÇÃO:25 minutos

INGREDIENTES:
- 1 pedaço de gengibre
- 1 dente de alho
- 1 maço de Bok Choi, fatiado
- Broto de feijão
- 1 cenoura, cortada em palitos de fósforo
- 1 colher de chá de caldo de legumes
- 5 cebolinhas
- 1 pimenta, em cubos
- 1/2 abobrinha, em cubos
- 4 floretes de brócolis
- Punhado de ervilhas de açúcar
- Macarrão soba

Vestir:
- 1 pimentão vermelho
- Grande punhado de coentro
- Suco de 1 lima

INSTRUÇÕES:
a) Misture o pimentão, as folhas de coentro e o suco de limão em um pilão e almofariz. Permitir a infusão ao lado.
b) Corte também os buquês de brócolis em pedacinhos. Queremos cortar a refeição em fatias finas para que cozinhe rapidamente.
c) Prepare o caldo com 50ml de água e leve ao lume numa frigideira. Após um minuto de cozimento no vapor, adicione os outros vegetais e o alho e o gengibre.
d) Depois de fritar a vapor por três minutos.

e) Sirva o frango em uma cama de macarrão soba.
f) Sirva com um molho de chili-limão por cima.

91. Macarrão de limão com brócolis e abobrinha

PORÇÕES:2
TEMPO TOTAL PARA PREPARAÇÃO:10 minutos

INGREDIENTES:
- 1 cabeça de brócolis
- Punhado de ervilhas
- 2 dentes de alho
- 2 porções de macarrão espelta, cozido
- 1 abobrinha
- 1 colher de chá de óleo de coco
- 1 tomate
- Pique sal do Himalaia e pimenta preta a gosto
- 1/2 cebola roxa
- Suco de 1 limão
- 2 maços de foguete
- Regue de azeite

INSTRUÇÕES:
a) Refogue o brócolis, as ervilhas, o alho, a cebola roxa e a abobrinha no óleo de coco.
b) Junte a massa com o tomate picado e a rúcula e o sumo de limão.

92. Berinjela, Batata e Grão de Bico

PORÇÕES:2
TEMPO TOTAL PARA PREPARAÇÃO:10 minutos

INGREDIENTES:
- 1 cebola, descascada e cortada em fatias finas
- 1 colher de chá de coentro
- 1 berinjela
- 1 batata
- 2 colheres de óleo de coco
- 1/2 colheres de chá de cominho
- 1 lata de grão de bico
- 1/4 colheres de chá de cúrcuma
- Coentro fresco

MOLHO:
- 1 cebola, descascada e cortada em fatias finas
- 2 colheres de chá de gengibre, descascado e ralado
- 6 cravos inteiros
- 450g de tomates ameixa
- 1/4 colheres de chá de cúrcuma
- 2 colheres de óleo de coco
- 3 dentes de alho, esmagados
- 1/2 colheres de chá de coentro moído
- 1/2 colheres de chá de cominho moído
- 1 1/2 colheres de chá de sal
- 1 colher de chá de pimenta vermelha em pó, a gosto

INSTRUÇÕES:
a) Refogue a cebola e as sementes de cominho por 3 minutos.
b) Adicione a batata, berinjela, grão de bico, coentro moído, cominho e açafrão.

c) Cozinhe a cebola, o alho, o gengibre e o cravo por sessenta segundos e, em seguida, adicione os tomates picados, açafrão e outros temperos.
d) Bata os molhos com uma varinha mágica até ficarem grosseiramente misturados. Depois disso, adicione os legumes, coentro, água, sal e pimenta a gosto.
e) Finalize com uma pitada de coentro fresco e sirva.

93. Salada de couve e molho cremoso

PORÇÕES:2
TEMPO TOTAL PARA PREPARAÇÃO:15 minutos

INGREDIENTES:
- 1/3 xícara de sementes de gergelim
- 1 pimentão
- 1/3 xícara de sementes de girassol
- 1 cebola roxa
- 1 maço de couve
- 4 xícaras de repolho roxo, picado
- 1 pedaço de raiz de gengibre
- Coentro fresco
- 1 Porção de molho de caju

INSTRUÇÕES:
a) Junte todos os ingredientes.

94. Bruxelas, Cenoura e Verdes

PORÇÕES:2
TEMPO TOTAL PARA PREPARAÇÃO:15 minutos

INGREDIENTES:
- 1 brócolis
- 2 cenouras, cortadas em fatias finas
- 6 couves de bruxelas
- 2 dentes de alho
- 1 colher de chá de sementes de alcaravia
- 1/2 limão
- Descasque 1 limão Azeite

INSTRUÇÕES:
a) Cozinhe no vapor todos os legumes por 5-8 minutos em fogo baixo.
b) Refogue o alho com sementes de cominho, casca de limão, suco de 1/2 limão e azeite.
c) Adicione a cenoura e as couves de Bruxelas.

95. Fritada de couve-flor de brócolis

PORÇÕES:2
TEMPO TOTAL PARA PREPARAÇÃO:20 minutos

INGREDIENTES:
- 4 floretes de brócolis
- 4 floretes de couve-flor
- 1 pimenta
- Um punhado de brotos variados
- 3 cebolinhas
- 1 dente de alho picado Aminos Líquidos
- Arroz selvagem/marrom

INSTRUÇÕES:
a) Cozinhe o arroz em um caldo de legumes sem fermento.
b) Frite o alho e a cebola no vapor por três minutos.
c) Misture os ingredientes restantes e cozinhe por mais alguns minutos.

96. Massa de aspargos e abobrinha

PORÇÕES:4
TEMPO TOTAL PARA PREPARAÇÃO:20 minutos

INGREDIENTES:
- 4 tomates, em cubos
- 1 abobrinha
- 1/2 cebola roxa, em cubos
- 1 maço de aspargos cozidos no vapor
- 200g de foguete
- 12 folhas de manjericão
- 2 dentes de alho
- 4 porções de macarrão espelta, cozido
- Azeite

INSTRUÇÕES:
a) Misture a cebola e os tomates com punhados de rúcula e aspargos e reserve.
b) Misture os ingredientes restantes até formar um molho verde claro e suave.
c) Misture o macarrão com o molho, divida-o em tigelas e cubra com o tomate, a cebola roxa, os aspargos e a rúcula.

97. Tomates recheados com legumes

PORÇÕES:2
TEMPO TOTAL PARA PREPARAÇÃO:30 minutos

INGREDIENTES:
- 1 colher de sopa de óleo prensado a frio
- 2 tomates
- Metade de uma berinjela pequena
- 1 cebola
- 1/3 de uma courgette
- 1-2 dentes de alho
- Pitada de sal marinho e pimenta
- 1 maço de folhas de espinafre fresco

INSTRUÇÕES:
a) Pré-aqueça o forno a 160 graus Celsius (325 graus Fahrenheit).
b) Combine os legumes com espinafre, sal e pimenta e regue com o azeite.
c) Depois disso, coloque os tomates por cima e retire o centro. Combine a peça do meio com o restante da mistura e mexa bem.
d) Agora você deve colocar tudo cuidadosamente de volta nos tomates.
e) Coloque os tomates em uma panela grande com cerca de 80ml de água e cubra com uma tampa quando tiver certeza de que não há mais nada que possa caber neles.
f) Asse por 18 minutos.

98. Ratatouille de beringelas

PORÇÕES:4
TEMPO TOTAL PARA PREPARAÇÃO:30 minutos

INGREDIENTES:
- 2 maços de espinafre baby
- 3 berinjelas, fatiadas
- 6 azeitonas pretas sem caroço
- 3 abobrinhas, fatiadas
- 2 pimentões vermelhos
- 5 tomates, em cubos
- 3 colheres de chá de folhas de tomilho
- 2 dentes de alho
- Folhas de manjericão
- Sementes de coentro
- Regue o azeite extra virgem
- Pique sal do Himalaia e pimenta preta

INSTRUÇÕES:
a) Retire as peles e pique as abobrinhas e as berinjelas para combinar.
b) Em uma frigideira, aqueça um pouco de azeite ou óleo de coco e refogue um bulbo de alho lentamente.
c) Coloque a berinjela em uma peneira e pressione com papel-toalha de cozinha para remover o excesso de óleo depois de cozinhar tudo de uma vez.
d) Aqueça mais azeite, adicione a abobrinha e o outro alho.
e) Misture os ingredientes restantes em uma panela grande e aqueça por 3 minutos.

99. Cogumelos e espinafre

PORÇÕES:2
TEMPO TOTAL PARA PREPARAÇÃO:15 minutos
TEMPO TOTAL PARA COZINHAR:15 minutos

INGREDIENTES:
- 1 colher de chá de óleo de coco
- 5-6 cogumelos, fatiados
- 2 colheres de azeite
- ½ cebola roxa, fatiada
- 1 dente de alho, picado
- ½ colher de chá de raspas de limão frescas, raladas finamente
- ¼ xícara de tomate cereja, fatiado
- Pitada de noz-moscada moída
- 3 xícaras de espinafre fresco, picado
- ½ colheres de sopa de suco de limão fresco
- Pitada de sal
- Pique pimenta preta moída

INSTRUÇÕES:
a) Aqueça o óleo de coco e refogue os cogumelos por cerca de 4 minutos.
b) Aqueça o azeite e refogue a cebola por cerca de 3 minutos.
c) Adicione o alho, as raspas de limão e os tomates, sal e pimenta preta e cozinhe por cerca de 2-3 minutos, esmagando levemente os tomates com uma espátula.
d) Cozinhe por cerca de 2-3 minutos depois de adicionar o espinafre.
e) Junte os cogumelos e o sumo de limão e retire do lume.

100. Espinafre Cítrico Pimenta Preta

PORÇÕES:4
TEMPO TOTAL PARA PREPARAÇÃO:10 minutos
TEMPO TOTAL PARA COZINHAR:7 minutos

INGREDIENTES:
- 2 colheres de sopa de azeite (extra virgem)
- 2 dentes de alho, esmagados
- Suco de 1 laranja
- raspa de 1 laranja
- 3 xícaras de espinafre fresco
- 1 colher de chá de sal marinho
- $\frac{1}{8}$ colher de chá de pimenta preta, moída na hora

INSTRUÇÕES:
a) Aqueça o azeite em uma frigideira em fogo alto até começar a ferver.
b) Cozinhe, mexendo periodicamente, por 3 minutos depois de adicionar o espinafre e o alho.
c) Adicione o suco de laranja, as raspas de laranja, sal e pimenta.
d) Cozinhe, mexendo sempre até que os sucos evaporem, cerca de 4 minutos.

CONCLUSÃO

Há tantos pratos regionais deliciosos na Coreia e na América, cada um uma homenagem à generosidade da terra e do mar ao redor. De macarrão picante e ensopados de costela a saborosa barriga de porco e muito banchan, você encontrará pratos e tigelas cheios de arroz, legumes, frutos do mar e todas as coisas fermentadas. Se você é novo na culinária coreana-americana e está procurando um lugar para começar, recomendamos estas receitas. Alguns são autênticos e outros são inspirados, mas todos compartilham uma coisa em comum: a crença generalizada de que quando você come bem, você está bem.

www.ingramcontent.com/pod-product-compliance
Lightning Source LLC
Chambersburg PA
CBHW071605080526
44588CB00010B/1022